KB077337

오늘부터 행복한 사람이
되는 법을 가르쳐 드립니다

오늘부터 행복한 사람이 되는 법을 가르쳐드립니다

초판 1쇄 2020년 11월 23일

지은이 연화민서 | **펴낸이** 송영화 | **펴낸곳** 굿웰스북스 | **총괄** 임종익

등록 제 2020-000123호 | **주소** 서울시 마포구 양화로 133 서교타워 711호

전화 02) 322-7803 | **팩스** 02) 6007-1845 | **이메일** gwbooks@hanmail.net

ⓒ 연화민서, 굿웰스북스 2020, *Printed in Korea*.

ISBN 979-11-972282-2-3 03190 | 값 15,000원

오늘부터 행복한 사람이
되는 법을 가르쳐드립니다

연화민서 지음

불안을 키우는 습관을 던지고
바로 지금부터 행복을 선택하자!

굿웰스북스

프롤로그

'지금, 여기에서' 행복해야 합니다

안녕하세요, 연화민서입니다. 이 책에 어린 시절 생긴 트라우마의 고통에서 벗어나고 싶은 마음에 스스로 노력하며 느꼈던 감정과 주어진 환경과 현실에서 할 수 있는 것들이 무엇인가를 찾아내고 생각하며 고민했던 과정을 담았습니다. 일상에서 부딪치는 문제를 살펴보고, 심리 치료를 하면서 겪었던 이야기들을 썼습니다. 근원적인 문제의 치료법은 없지만, 다양한 경험을 통해 삶에 적용해보았던 과정입니다. 잘못 생각했던 많은 부분들을 바로잡을 수 있는 방법과 한 번에 모든 것을 바꿀 수 없어도 한 계단 한 계단 실천해야 할 행복을 주제로, 총 다섯 장으로 구성했습니다. 누구나 한 번쯤 겪어냈을 이야기가 아닐까 생각해봅니다.

1장은 인생 자체가 녹록지 않을 때 떠오르는 말, '팔자'에 대한 이야기입니다. 2장은 매 순간 불안하고 억울한 사람들을 위한 장입니다. 실패와 실수 그리고 그 과정에서 얻는 깨달음에 대한 내용입니다. 3장은 원망과 분노에서 조금은 자유로워지기 위해 용서하고, 또 다시 도전하며 힘든 시간을 극복한 감정에 관한 이야기들을 담았습니다. 4장은 마음속 복잡한 계산을 내려놓는 과정, 불안과 초조를 내려놓고 조금은 과감하게 용서하며 실천해야 하는 이유와 자신을 조금 더 사랑해야 하는 삶을 표현했습니다. 5장은 오늘부터 행복한 사람이 되어야 하는 이유와 제 노력을 썼습니다. 가장 중요한 '지금, 여기에서' 행복해야 하는 이야기로 구성되어 있습니다.

진정한 행복을 찾기 위해 명상하며 나의 내면의 소리에 집중을 해보고 "나는 지금 이것 때문에 이러고 있구나." 하면서 지금 이 순간을 깨어 지켜보아야합니다. 생각과 감정, 소설에 빠져 휘둘리지 말아야 합니다. 불안과 수치심으로부터 벗어나기 위한 훈련을 하면서 조금씩 성장해나가면 됩니다.

느려도 괜찮으니 천천히, 직접 따라 해보길 권합니다. 이미 알고 있지만 잊었던 것들도 있을 것이고, 습관이 안 되어 있어서 멈춰 있던 것들도 있을 것입니다. 한 번 더 힘을 내어 습관을 기록하며 자신을 다시 바라보는 힘이 생겼으면 합니다. 우리는 우리에게 닥친 상황을 해석을 통해 경험하고, 우리의 감정은 진심을 속삭이는 마음의 목소리를 들어야 합니다. 자신을 돌보고 보살펴야 할 사람은 나 자신입니다. 나의 감정을 느껴보십시오.

담담하게 진심을 전합니다. 제주 여행 스냅 작가로, 마음이 건강한 이야기로, 네모 안에 더하기 빼기의 스냅으로 행복을 전합니다.

목 차

4장.

마음속의 복잡한 계산을 내려놓아라

5장.

오늘부터 행복한 사람이 되라

1장

내 팔자는
왜 이 모양일까?

난 어떤 삶을 살고 싶은가?

인생에 너무 늦은 때란 없다

우리는 살아가면서 참 많은 일을 겪는다. 단단히 준비하고 살아도 아무런 예고 없이 예상을 뛰어넘는 일들에 많은 좌절과 아픔을 겪고, 처음이 힘들지 반복되는 아픔에도 면역이 되기에 아픔을 느끼지도 못하고 그저 그렇게 살아낸다. 사계절이 바뀌듯 그렇게 자연스레 흘러갈 것을 믿으며 스스로 위안하며 살아왔다.

2020년 2월부터 나에게 코로나19로 인한 아픔이 시작됐다. 많은 사람들이 생각지도 못한 일들을 겪고 있다. 너 나 할 것 없이 힘들어한다. 하루하루 불안과 초조로 살얼음판을 걷는 중일 것이다.

코로나는 수많은 사람들에게 많은 것들을 빼앗아갔고 내가 하는 제주 여행 스냅 투어 일에도 영향을 받았다. 스냅 일을 하면서 상반기에 60건 이상이 취소되었고 예약금을 돌려줘야 할 상황이다. 천재지변이라 예약금은 돌려줘야 한다 생각했다. 그러던 중 우연히 마스크 판매하는 동생을 알게 돼코로나19 전염이 심각했던 대구 지역과 예약했던 손님들 몇 분에게 마스크를 보내드렸다. 치열하게 살다가 내가 하고 싶은 일에 만족을 느끼기 위해 시작한 제주 여행 스냅 투어는 나의 일이었다. 좌절하면서 하루하루 좋아질 것이라는 희망을 안고 버티고 있었다. 하지만 상황은 예상 밖으로 흘러갔다.

결국 나는 폐업을 선택했고 쿨하지 않은 선택인지 아닌지도 모를 정도로 상황 판단이 힘들었다. 최선을 다해서 방역하고 있지만, 코로나19의 파급은 점점 갈수록 심각해졌다. 상상할 수 없는 불안과 불신이 사회 전체를 병들게 했다. 신경질적인 사람들도 늘어가고, 무기력하다는 사람, 지금의 삶이 너무 힘들고 괴로운 사람들이 넘쳐 났다. 누구에게나 이제는 더 피해갈 수 없는 것들이 많은 것이다. 실망하거나 좌절하는 사람들을 보면서 슬프기도 하고 우울한 감정에 사로잡히기도 했다. 나 역시 상황이 안 좋아서 한동안 무기력했다. 하지만 이대로는 무기력하게 보낼 수 없었기에 마음을 달래줄 무언가를 찾았다.

'확찐자'라는 우스갯소리가 있다. 방구석에 있다가 보니 살이 찌는 사람들이 늘어남에 생긴 말이다. 나 역시 방구석에서 뒹굴뒹굴하며 넋 놓는 시간이 많았다. 먹었지만 먹지 않은 것 같은, 먹지 않았지만 먹은 것 같은 이상한 굴레에 방구석에서 그렇게 찌는 살과 함께 무수히 많은 생각을 가지고 살았다.

뚜렷한 목적을 가진 생각을 해보았다. 지금 내가 할 수 있는 일이 무엇인가를 생각했다. 지금 나의 삶이 너무 힘들고 괴로웠기 때문에, 이 마음을 달래 줘야 했다. 어떤 것이라도 찾아야 했다. 손쉽게 할 수 있으면 더 좋았다. 활력소가 될 것 같다는 생각이 들었다. 누구에게나 잘 살고 싶어 하는 삶이 있다. 그것을 찾아내야 한다. 그러나 당장은 아무것도 할 수 없을 것 같았다.

기존에 블로그 작업을 못 한 것에 대한 작업의 시간을 충족하자고 마음먹었다. 그러나 세상엔 쉬운 건 없고 공짜는 없다. 목적을 두는 것보다 배워야 하는 것에 비중을 두었다. 플랫폼 하나에 하루 8시간을 유튜브를 통해 공부해본다. 지금은 정보가 넘치는 시대이다. 어떤 게 좋은지, 뭐가 맞는지 미친 듯이 공부했다. 블로그 최적화를 만들어내고 소소하지만, 성취감은 최고였다. 나만의 콘텐츠를 만들어 봤다. 일상의 고민은 그만두고 지금 내가 할 수 있는 것들과 해야 하는 것에 초점을 집중하기 시작했고, 수많은 정보를 모아서 적용해봤다.

두려워지는 것들은 어쩔 수 없다. 일상의 소소한 생활 자체가 사라지는 지금, 코로나19로 인해 온라인 수업을 사상 처음 진행해야 하는 사람들과 적응하지 못하는 학부모들, 피해를 고스란히 받는 취약계층들, 고3 수험생들 을 불안하게 하는 수능 문제, 교육계의 변화하는 시스템 등 우리가 살아왔던 전부가 크게 달라진 지금, "어떤 삶을 살아야 할까?" 겁이 났다. 반복적인 스트레스와 피로감이 쌓여서 매일 피곤한 삶을 다들 겪고 있다.

몇 달 가까이 이런 걱정을 하고 살아가는 모든 분은 어떤 삶을 그리고 있을까? 그야말로 고민과 걱정, 불안의 3종 세트가 되어 버린 것이다. 그 평범했던 일상이 사라졌다. 활짝 웃고 싶은 날이다. 우리는 단 한 번밖에 없는 삶을 살고 있다. 아침 출근길의 전쟁과 등굣길의 북적이는 시간이 미처 몰랐던 행복이었다.

앞에서 이야기했듯 나는 4월 2일에 폐업 신고를 하고 한 달 동안 유튜브를 통해 블로그를 독학했다. 미친 듯이 했다. 할 게 없어서 미친 듯이 했는지도 모르겠다. 온라인을 모르면 지금 시대에 소통하기 어렵다. 어느 플랫폼 하나는 각자의 온라인 건물을 만들어야 한다는 사람들이 넘쳐나고 있었기 때문에 더욱 절실하게 배웠는지 모르겠다. 세상엔 안 되는 일이 어디 있느냐 생각하며 찾아봤다. 세상 진리인 것이다.

사실 우리가 코로나 이전으로 돌아갈 수 없다는 것은 이젠 알 것이다. 그렇기 때문에 온라인의 중요성도 커지고 있고 문의도 많이 들어온다. 사실 넘쳐나는 정보를 골라내는 게 더 힘들었다. 플랫폼으로 플랫폼을 성장시키기 위해서는 엉덩이를 의자에 본드로 붙여야 한다. 사실 큰돈을 주고 팩트만 알려주는 강의를 듣고 싶었다. '블로그를 공부하면서 이렇게까지 해야 하나?' 너무 고통스러운 시간이었다.

　나의 모든 생활 패턴은 돈을 안 들이고 하는 독학이기에 잠을 잔다는 것조차 사치였다. 주변 사람들과의 소통을 멈춰버렸고 집중했다. 꼬부랑 허리가 되어가고 있고, 배는 임산부처럼 점점 부풀어갔다. 거울을 버렸다. 보기 싫은 내 모습에 시간만 내 것인 양 나에게 맞춰갔다. 얼마 후 나는 너무나 큰 성취감으로 행복했다. 꾸준히 할 수 있는 무언가가 있다는 것이 바로 행복을 찾는 열쇠이다.

　요즘 모든 사람이 말하는 '디지털 노마드의 삶.' 좋아하는 일을 좋아하는 사람들이랑 좋아하는 곳에서 하고 싶어 하는 사람들이 부쩍 늘었다. 코로나가 바꿔 놓은 세상에 우리가 4차 산업과 함께 성장해내야 하는 시대이다. 사소하고 평범한 것들을 이제는 찾아야 하고, 어떻게 행복할 수 있는지를 생각해야 한다. 얼마나 많은 플랫폼이 있는가? 손 놓고 있지 말고 이제라도 해야 한다.

　요즘은 영화관이나 카페 등 수많은 곳에서 자동화 시스템으로 바뀌고 있다. 얼마 전 혼자 버벅거리면서도 끝까지 하려고 했지만 안 됐다. 부끄럽기도 하고, 배워야 한다는 진실도 안다.

　이 또한 우리 시대 4050세대들이 알아야 할 행복일 것이다. 우리가 자신에게 관심을 가져야 할 때이다. 못 한다고 미루면 안 된다. 사회가 변해가고 있으니 변해야 한다.

삶은 늘 흔들리고 거센 파도와 물살이 들이닥친다고 한다. 지금 이 시대의 삶을 잘 살아내려면 따라가야 한다. 괜찮을 거라고 생각하지 말고 성장해나가야 한다. 우리는 다 그렇게 살아내고 있다. 온라인에서 가장 뜨거운 플랫폼은 유튜브, 인스타, 블로그인 것 같다. 이제 성취감으로 발전해나가면서 디지털 노마드의 삶을 꿈꾸며 살아간다. 우리 삶에서 욕망은 당연하기에 지금의 시대에 가장 자기를 잘 표현할 수 있는 삶은 온라인인 것 같다.

『인생에 너무 늦은 때란 없습니다』의 저자 모지스 할머니는 어렸을 때부터 화가가 되고 싶었지만 여의치 않았다. 너무 늦은 때는 없다고 한다. 모두가 손 놓고 있을 때 나는 행복을 찾을 수 있는 준비를 한다.

삶은 소중하다. 그러기에 어떤 순간에도 살아가는 것에 대해 노력을 해야 한다. 한 걸음이라도 내디뎌야 한다. 지금, 이 순간부터 나답게 살아내는 법을 찾기 위해서는 내 마음에 귀를 기울여야 한다. 잘 살아내야 하는 소중한 나니까. 사람에게는 저마다 맞는 속도가 있다고 한다. 무리해서 빨리 가려 하지 말고 다른 사람이나 사회의 시선에서 조금은 가벼움을 가져야 한다. 삶은 속도가 아니라 방향이다.

사는 대로 생각하는 삶에서 벗어나라

스스로 변화를 해야 한다

사람들은 쉬운 길만 걷길 원한다. 나도 그렇다. 요즘 유행하는 "꽃길만 걷자."라는 문구 또한 사람들이 좋아한다. 나는 사는 대로 생각해야 한다고 생각하는 사람이었던 것 같다. 어느 날 우연히 세계적으로 유명한 사람들의 신념과 가치관에 대한 책을 봤다. 『생각대로 살지 않으면 사는 대로 생각하게 된다』라는 책을 보았다.

이 책에 아우렐리우스의 "인간의 일생은 그 인간이 생각한 대로 된다.", 아리스토텔레스의 "머릿속으로 자신이 바라는 것을 생생하게 그리면 온몸의 세포가 모두 다 그 목적을 달성하는 방향으로 조절이 된다."라는 글이 있다.

우리는 생각하는 대로 살아가야 한다. 지금까지 사는 대로 생각하며 살아온 삶이었다. 현실에 맞춰 열심히 살았어도 잘 살고 싶은 나의 마음과는 달리 판단 오류로 많은 실패를 겪고, 사람들 사이에서 오해로 인해 걷잡을 수 없는 현실도 마주쳤다.

"민들레 홀씨 하나가 큰 숲을 이룬다."

이 말이 정말 가슴에 와닿는 순간에 눈물이 핑 돌았다.

지금까지 나는 무수히 많은 일을 해봤다. 그러나 해본 일 중에 내가 원하는 것은 아무것도 없었다. 단순히 돈을 벌기 위한 노력이었고, 어떻게 하면 돈을 벌 수 있을까 고민하며 사는 대로 나에게 맞춰진 일들을 묵묵히 했다.

내가 원하는 것보다 현실에서 내가 할 수 있는 일만 골라서 했다. 그러다 보니 남에게 의존해가며 남의이 원하는 것을 하기 바빴고, 그로 인해 나에게 오는 행복과 만족은 언제나 부족하다고 느껴졌는지 모른다. 다른 사람들도 그저 그렇게 살아간다는 생각을 한 것이다.

타인들 사이에서 느껴지는 작은 것들이었다. 이런 것들이 나의 꿈인 것이었다. 꽃이 좋아서 한 일이 아니었기에 손이 거친 것에 자존감이 낮아졌고, 24시 편의점이 좋아서 잠을 못 자면서까지 한 일도 아니었다. 그리고 PC방을 하고 싶었던 것도 아니었기에 5천만 원을 사기 당한 것 같다.

현실에서 열심히만 하면 성공할 수 있다고 생각한 것뿐이다. 나 자신에게 한 번도 물어본 적이 없다. 내가 무엇을 하고 싶어 하고, 무엇을 좋아하는지도 모르고, 어떻게 살고 싶었는지도 모르고 있었다. 나를 너무나 타인처럼 내버렸다. 세상에 맡겨놓은 나의 마음이 무엇인지 궁금하지도 않았다.

어느 날 내가 살아가고 싶은 삶이 어떤 것인지 생각해봤다. 우연한 계기에 여행 동아리에서 만난 분이 있었다. 50만 원이라는 가격을 보고 무조건 가야 한다는 말과 안 가면 바보라는 말에 눈물이 왜 이렇게 났던 것일까? 못 해본 내가 한심스러워 그런 것일까? 아니면 나의 자존감이 바닥이라 속상해서 그런 것일까?

특별한 생각 없이 얼떨결에 혼자 일본 여행을 떠밀리듯 가게 되었다. 혼자 하는 3박 4일 자유여행이었다. 무서웠다. 그러나 자존심과 자존감의 도전을 해본 경험이 없어서 무조건 행동을 하는 나를 발견했다. 두려움을 이겨내고 싶은 마음인지 나의 몸과 마음은 도전이라는 것을 하고 있었다.

약간의 미친 척하는 마음이 있어야 했고, 약간의 잘난 척하고 싶은 마음도 있어야 했다. 눈이 부릅 떠지고 귀와 뇌가 어느 순간 수사관처럼 빨리 움직인다. 눈이 커지면서 '시력이 좋아졌나?' 하는 생각도 들고, 몸은 무겁지만 발은 굉장히 빠른, 운동을 잘하는 사람처럼 공격적으로 행동하는 나를 보았다. 웬일로 니에게 질문하기 시작했다. 모르는 사람들에게 먼저 이야기를 건네고 있고, 길을 잃을까 누군가를 붙잡는 용기, 같은 길을 돌며 나에게 무수히 많은 질문을 하게 된 일본 여행, 나의 삶에 이렇게나 무수히 많은 에너지가 있었다.

살아가는 것, 사는 대로 살면 안 된다는 사실을 알았다. 그리고 꿈이리는 단어를 찾았다. 여행을 시작했던 첫날 마음과 마지막 날의 공항에서 나는 마음과 몸에 꿈의 마음을 스캔했다. 감정의 날라리가 된 엄청난 여행이었다. 사는 대로 생각하지 말고 무언가를 생생하게 생각하고 기록하며 살고 싶은 마음이 들었다.

혼자 여행 후 나는 사는 대로 생각하지 말아야겠다는 생각이 들었다. 원하는 삶이 어떤 것인가를 생각하지 않고 구체적으로 결정하지 않으면 자유로운 생활이 안 될 것 같았다. 내 마음대로 산다는 것은 먹고사는 데 지장이 없어야 한다는 것이다.

지금까지 나는 아무 생각 없이 살았다. 그렇게 훈련이 되어 있는지 모른다. 12년의 교육 과정을 끝내고 대학이라는 문턱에서 자기가 하고 싶은 것보다 부모님이나 사회적인 분위기를 많이 따르게 된다. 전공 점수 최소 80점이면 대학교 졸업을 하고 취업을 하므로 사회생활을 하다 보면 무수히 많은 사람이 일 때문에 힘들어한다.

오늘부터 행복한 사람이 되는 법을 가르쳐드립니다

삶이 어려워지기 시작하면서 말로만 위로하고, '시간이 지나면 괜찮겠지.' 하고 생각한다. 그러나 나의 삶에 중심이 안 서면 세상의 속도에 휘둘린다. 외부에 있는 것들과 비교하며 불안하고 초조한 상태가 지속된다. 나의 가치를 타인이 결정하고 그로 인해 무기력해진 자신을 회피하고 싶은 마음이 들며 우울하고 재미가 없어진다. 나에 대한 관찰을 부지런히 함으로써 사는 대로 생각하지 말고, 자기 의지를 끊임없이 자기에게 부여할 때 무엇인가를 할 수 있는 기회와 용기가 생겨난다.

생각하는 대로 살지 않으면 사는 대로 생각하게 된다. 어떻게 생각하며 살아야 하는가? 우선 나 자신에게 믿음이 있어야 한다고 생각했다. 그냥 사는 대로 살았던 나는 나에게 믿음이 없었다. 괴테가 이런 말을 했다.

"생각하는 것은 쉬운 일이다. 행동하는 것은 어려운 일이다. 생각한 대로 행동하는 것은 더더욱 힘든 일이다."

자신의 신념이 무엇인지 알아야 한다. 어떤 마음으로 어떤 것을 하기 위한 행동인지 자기의 가치를 스스로 알아야 했다.

정말 어려운 일이었다. 나는 책을 써보기로 했다. 주위에서는 말도 안 된다고 의아하게 생각한다. 그도 그럴 것이다. 사는 대로 생각했다면 나는 도전조차 안 했을 것이다. 어느 순간 생각하면서 살고 싶다고 생각했다. 내가 원하는 것이 무엇인지 알고 싶었다. 나는 도전하는 삶으로 바꿔본다. 나에게 스스로 기회를 주고 도전하는 것일 수 있다. 나는 남들의 시선에서 벗어나지 못했다. 나의 어떤 편견들을 깨고 싶은 것도 있다. 꿈을 꾸었기에 이제 꿈을 이룰 수도 있지 않을까? 마음먹은 것을 행동으로 옮기기는 쉽지 않다.

처음에는 모든 것들이 습관이 안 되어 스트레스도 있었다. 살아왔던 행동들이 습관처럼 남아 새로 시작하려는 행동에 제약이 들어왔다. 얼렁뚱땅 확실하다고 생각해버리는 습관이 나타났다. 이런 것들을 스스로 인정하면서 차근차근 고쳐가니 모든 시간은 오롯이 나를 위한 도전으로 바뀌었다. 자신에게 대견하다고 믿고 가는 마음이 점점 커졌다.

코로나19로 인해 많은 사람이 생각 장애를 겪고 있다. 나 또한 힘든 시기를 거치고 있다. 예전에는 희망이라는 말을 생각하고 살아가는 것도 역겨웠다. 지금 이런 말을 하는 사람들이 있기나 할까?

100세 시대라고 한다. 언컨택트와 4차 산업으로 인해 사람들 사이에서도 제한이 많아지고 있다. 현실을 회피하고 싶은 사람도 많을 것이다. 나도 그랬다. 하지만 그럴 수가 없다. 살아가면서 노력하지 않고 얻어지는 건 없다는 것을 우리 모두 알고 있다. 조금 부풀어진 꿈을 꾸다 보면 실망을 할 수도 있다. 그렇다고 꿈을 안 꾸면 삶의 재미가 없을 것이다. 힘들다고 아무것도 하지 않으면 괜찮을까?

변화와 희망을 품어야 한다. 스스로 변화를 해야 한다. 현실에서 내가 할수 있는 것들을 하며 견뎌야 한다. 할 수 있는 것들을 찾아봤다. 자신이 해야하는 일을, 그리고 하고 싶었던 일을 찾아보는 시간을 가져야 한다. 보통 사람들처럼 출근하고 퇴근 후 저녁 9시부터 똑같은 일상생활 시간에 나는 책 쓰는 것에 도전했다. 변화라면 퇴근 후 시간을 나의 꿈에 맞춰 사는 삶이 된 것이다. 도전이라고 생각했던 것들로 인해 하루하루 노력하는 나에게서 생생하게 생각하고 살아가는 힘이 생겨난다.

"뜻이 있는 곳에 길이 있다.", "하늘은 스스로 돕는 자를 돕는다."라는 명언도 있지 않은가. 코로나19로 인해서 삶이 무너질 때 용기와 도전이라는 꿈을꾸며 지금 현실에서 해야 하는 것들을 찾고 배워가며 산다. 삶은 이렇게 생각하면서 살아가야 하고, 행동해야만 변화되는 것을 느낄 수 있을 것이다. 스스로 생각하며 살아야 한다. 그래야 미래도 있고 행복도 만들 수가 있다.

더이상 두고 볼 수 없다면 바꿔라

나의 좌절과 마주해봤다

세상의 모든 위대한 사람들은 원래부터 타고난 사람들이 아니라 자신의 삶을 바꾸고자 하는 노력을 하는 사람들이다. 누구나 가지고 있는 삶의 무게를 조금 더 가볍게 느끼면서 행복한 삶을 꾸려나가고 싶지 않은가? 나도 그렇다. 다양한 감정과 다양한 습관으로 인해 스스로 불행하다고 생각하기도 하고, 행복한 감정을 느끼기도 하면서 산다. 행복한 감정이 불행한 감정보다 적다면 바꿔야 한다. 우리는 살아가는 것에 행복과 의미를 부여하며 살아간다.

행복하기 위해서는 무엇을 해야 하는가? 원하는 것이 뭔지 끊임없이 고민하며 찾는 게 우리의 삶인 것 같다. 누구도 대신해줄 수 없기에 스스로 노력하며 찾아야 하는 게 현실 아닐까? 지금의 삶이 무겁거나 무의미하다면 한 번 바꿔봐야 하는 게 당연하다.

세상에서 제일 무겁고 말 안 듣는 사람은 바로 본인일 것이다. 생각하고 행동하기까지가 힘이 든다는 것은 사실이다. 자기의 고집이라는 명분 아래 바꿔야 하는 것이 굉장히 힘든 것 또한 당연하다. 지금을 살아내고 있기에 너무 많은 것들을 놓치기도 하고, 우울함에 찌들기도 하고, 잘 살고 싶은 욕망도 있기 때문에 힘들 수도 있다. 그래서 더 치열하게 살아내야 하는지도 모른다.

지금의 나에게 더 두고 볼 수 없는 것이 있다면 일단 바꿔야 한다. 무엇을 바꿔보고 싶은지 리스트를 적어봤다. 많은 것 중에 제일 우선적인 것은 건강이다. 건강하지 않을 때의 감정과 행복은 너무나 먼 거리에 있기 때문이다.

어느 날부터 점점 늘어나는 나의 몸무게가 괴물이 되어간다. 10kg이 엄청난 속도로 늘어났다. 알고 있으면서도 내 몸을 남처럼 생각하고 모른 체하고 있다. 외출하려다가 옷이 맞지 않아서 짜증이 난 나는 가위로 옷을 찢어버리고 싶은 마음이 들었다. 거울에 비친 내 모습을 인정하기 싫은 현실이었다. 회피하며 스스로 위안을 하고 만다. 그만한 이유를 붙이면서 나는 나쁜 감정과 점점 타협해간다.

모임에서 우연히 마라톤에 참가할 상황이 생겼다. 100m를 뛰어본 게 학창 시절뿐이었다. 30년 동안 뛰어본 적이 없던 것 같다. 그래서 관심조차 없었다.

주위에서 마라톤 한다며 매일 밤 연습을 하고, 그 고단함을 이기며 관리하는 분이 있다. 나이가 62살이다. 열심히 뛰고 있는 분을 보면서 정말 멋있다고 생각을 했다.

몸이 무겁지만 뛰지 못하는 나를 보며 마라톤에 도전해보겠다는 마음을 먹고 국제 마라톤 경기를 신청했다. 6살 꼬마가 뛰고 있었다. 아빠는 하프를 뛰고 있고, 혼자 10km로 뛰고 있었다. 옆에서 말을 시키며 따라가봤지만 꼬마 녀석이 스피드는 빨랐다. 제길슨. 6살 꼬마를 따라잡지 못한 어른이 되어 버렸다.

62살의 나이 많으신 분이 보였다. 마음속으로 거뜬히 따라잡을 수 있으리라 생각을 했다. 어림없는 소리였다. 탄탄한 근력으로 저 멀리 등을 보이며 쾌속으로 뛰어가버린다. 마라톤 10km를 나는 걷고, 쉬고, 뛰면서 길 위의 다른 사람들이 뛰고 있는 모습을 보며 많은 생각을 했다. 길 위에서 자기만의 도전을 한다는 것에 다들 행복해 보였다. 그 뒤로 나는 몇 번의 마라톤을 하며 조금씩 체력을 기르려는 노력을 했다.

하루아침에 잘하고 한순간에 바뀌면 얼마나 좋겠는가? 작심삼일이라는 말도 있듯이 우리 몸은 습관을 들이기가 어렵다고 한다. 습관을 들이면서 스트레스 받을 수 있다. 정말 지옥이 아니겠는가? 처음은 버벅거리고 하기 싫은 것 때문에 타협하는 일들이 많을 것이다.

자기와의 약속은 잘 깨기 쉬우므로 나는 기록이라는 것을 하기 시작했다.

기록하면 자랑할 수 있어서 운동을 하게 된다. '트라이앵글'이라는 운동 앱이 있다. 날짜, 위치, 소모 열량, 거리 정보, 속도 정보, 고도 정보 등 운동한 기록을 저장하는 앱으로 목표량과 운동량을 기록하는 데 도움이 되었다. 기록하다 보니 성취감도 있다. 여기에 함께 운동해줄 수 있는 사람이 있으면 운동효과도 최고가 된다.

나는 다시 옛날처럼 당당히 셀카 사진을 찍으며 나만의 행복을 찾고 싶다. 건강한 모습으로 예뻐지자는 마음을 먹고, 조금씩 기록되는 운동 횟수에 행복감이 올라갔다. 어릴 적부터 사진을 좋아했다. 하지만 오랜 시간 사진과는 다른 일을 접하고 있었다. 계획된 일에서 틀어지기 시작하면서 너무 힘들었다. 죽기 전에 하고 싶었던, 내가 잘하는 것을 찾기 시작한 것이었다. 마흔이 돼서야 생활 패턴이 사진하고 밀접하게 움직이고 있던 것이다.

스마트폰이 보급되면서 핸드폰은 전화 용무보단 사진으로 모습을 담아내는 역할이 커졌다. 셀카의 삶의 행복감으로 이어졌다. 하루 천 장을 찍는 일이 다반사이고 사진 보는 게 일상의 행복이었다. 어느 날 살이 찌기 시작하면서 셀카의 일상이 사라지기 시작했다. 한 번씩 담아보아도 웃는 모습을 찾아볼 수 없었다. 점점 자신감이 떨어지면서 나를 외면해버리기 시작했다.

어느 날 스냅 촬영 일을 하면서 알았다. 정신없이 작업하다 보면 누군가 나의 모습을 찍어줄 때가 있다. 일은 멋있게 하고 있지만 남이 나를 찍어준 모습은 쭈글쭈글 거리는 뱃살과 무통만 한 허벅지와 팔뚝 사이에 삐져나온 살들로 인해 나는 아주 작은 옷을 입은 듯이 불편해 보였고, 무엇인지 모르게 초라해 보이는 사진이었다.

나의 예전 모습이 생각났다. 지금 내 모습을 보며 "누구세요?"라고 말한다. 얼굴로는 무안해서 킥킥거리고 웃지만, 머리에서는 "내가 이렇게 뚱뚱했나니 이럴 수가 있어?"라며 모든 것들이 내 것 아닌 다른 사람인 양 혼자 빈정거리는 나를 본다. 철저하게 객관적으로 나를 봐야 한다. 이래서 저래서 남 탓이 아닌 내 탓인 것을 한동안 규칙적이지 않았던 습관들을 일단 규칙적인 생활 패턴으로 바꿨다.

방구석에서 "이불 밖은 위험해."라며 돌아다니지 못한 서러움과 폐업하면서 느꼈던 스트레스, 감정들을 다 내려놓는다. 나의 감정의 분노와 원망만 쌓아놓은 생활 패턴이었다. 다들 스스로 다독여야 한다.

지금의 자기 모습도 미래의 자기 모습도 위로하며 끌고 가야 한다. 나의 가치는 내가 만들어내야 한다. 지금 나는 최악의 상황에서 최고를 생각하는 것이 아니다. 나는 내가 당장 할 수 있는 것을 찾아 그것을 습관화하고 있다.

작심삼일이 아닌 내가 할 수 있는 최대의 목표량을 계획해봤다. 2020년에 찐 나의 몸을 2020년이 끝나기 전에 버릴 것이다. 변화되는 나의 모습을 사진으로 남겨놓고 사람들에게 실제 나의 다이어트 노하우를 전수해줄 수 있는 날을 기약도 해본다. 인간의 뇌는 언제든 원하는 방향으로 변화할 수 있다는 생각을 확고하게 가져본다.

자신이 되고자 하는 모습을 끊임없이 반복해서 행동하고 실행한다. 찰스 두히그는 『습관의 힘』에서 우리 뇌에 적용해보고 행동해보라 한다.

첫 번째는 신호, 명령하는 자극이다. 반복 행동은 몸의 행동으로 나타나기도 하고, 심리 상태나 감정의 변화로도 나타날 수 있다고 한다. 두 번째는 보상이다. 보상은 뇌가 어떤 행동이 특정한 기억 가치가 있는지 판단하는 기준이 된다고 한다. 습관은 운명이 아니다. 잊힐 수도 있고 변할 수도 있으며 대체될 수도 있다.

어떻게 하면 바꿀 수 있을까? 안타깝게도 모든 사람에게 효과 있는 특별한 방법은 없다. 변화 가능하다는 것은 누구나 알고 있다. 사람마다 각양각색이다. 사람마다 행동이 다르기에 변하고자 하는 마음으로 꾸준히 하면 습관을 완전히 개조할 수 있다.

과학자들이 우리 삶에 존재하는 습관들을 진단하고 구체적으로 드러내기 위해 찾아낸 전술을 요약해서 정리한 게 있다. 기본 틀로 실질적인 지침서라고 생각할 수 있는 것이다. 습관을 변화시키는 것은 결코 쉬운 일이 아니다. 하지만 습관을 길들이기 위해 꾸준히 노력하면 거의 모든 습관을 개조할 수 있다고 한다.

나의 쇄설과 마수해봤나. 새해 결심했던 모든 것들을 다시 생각해본다. 세일 작은 습관부터 해본다. 아침에 일찍 일어나는 것이었다. 무엇이든 100번만 반복하면 나의 몸에 저장이 된다. 하나의 시스템으로 만들어봤다. 사소하다고 생각하는 것, 가장 쉽지만 가장 어려운 것, 작은 것에서 매일 이길 수 있는 것부터 한다. 아주 작은 반복의 힘이 생겨났다.

더 이상 무엇인가 마음에 들지 않을 때 과감히 지금 현실에서 바꿀 수 있는 작은 것부터 조금씩 수정하고 바꿔야 한다. 바꿔야 한다는 생각이 있으면 행동도 바뀌기 때문이다.

어떤 시점에서는 의식적으로 결정하지만 얼마 후에는 생각조차 하지 않으면서도 거의 매일 반복하는 습관으로 바뀔 수 있다. 절대 바뀌지 않을 것 같은 나의 생활도 바뀌고 있다. 어쩌면 새로운 도전을 하는 것이다. 더 행복한 삶을 살고 싶어서 바꿔보고 수정한다. 잘못된 습관 하나만 바꿔도 내 인생에 굉장히 행복한 것들이 있다는 것을 알게 된다. 내 몸도 내 마음에 들게 바꿔야 한다.

오늘부터 행복한 사람이 되는 법을 가르쳐드립니다

사람들은 왜 좋은 사람으로 살려고 할까?

나다운 건강한 자아가 있어야 한다

누군가에게 '좋은 사람'이라는 말을 들으면 사람들은 좋아한다. 나 또한 타인에게 인정받으면 행복한 감정이 많이 드는 것 같다. 모든 인간관계에서 좋은 사람은 바쁘게 사는 것 같고, 완벽한 사람 같은 모습으로 비치는 경우가 많이 있다. 좋은 사람으로 살면 행복할 줄 알았다. 웬만하면 나는 다른 사람의 부탁을 거절하지 않았다. 오지랖 넓게도 더 많은 도움을 주고 싶어 했다. 남들이 나를 볼 때 좋은 사람으로 보이는 게 내 삶의 전부이기도 했다. 그러다 보니 점점 지쳐갔다. 착하게 살아가는 게 아니고 어느 날 보니 바보같이 살고 있었다. 겉으로는 멀쩡해 보이는데 마음은 언제나 불안했다.

나는 어린 시절 항상 불안 심리, 인정받고 싶은 강박감이 있었다. 자신의 욕구나 소망을 억제하고 타인의 인정만을 좇으며 살았다. 그렇지 않으면 더 불안했던 것 같다. 사람에 대한 스트레스로 인해 어떤 날은 타인이 나를 만만한 사람으로 생각했다는 사실에 온갖 분노로 가득 차 있는 나를 본다. 요즘은 무언가 잘못된 느낌이 든다. 처음엔 다들 조심하지만 무리한 부탁을 하고 으레 당연하다고 생각한다.

최소한 나의 울타리는 만들어야 한다고 생각했다. 보통 사람들이 말하는 좋은 사람은 정말 무리한 부탁을 하지 않는다. 어쩔 수 없는 상황에서는 협조해야 하지만 매번 희생만 하면 뭔가 잘못된 것이다. 누군가는 나에게 상처를 주는 말을 한다. 되려 섭섭하다고도 한다. 좋은 게 좋은 거라고 버티고 있었다.

하지만 절대 오래가지 않았다. 나도 모르게 나를 희생시켜가며 버티다 보니 마음에 독을 품고 사는 것이다. 하지만 마음에 독을 품었을 때는 정작 엉뚱한 사람들에게 화풀이했다. 타인으로부터 고립되길 원하고 울타리를 쳐버렸다.

과감하게 관계를 끊을 줄도 알아야 했다. 가까운 사람끼리도 예외는 아니다. 자기감정의 울타리는 필요했다. 평상시에 착한 사람으로 인식되었던 내가 어느 날 갑자기 폭발하는 경우에 주위의 반응이 차가웠다.

중학교 2학년 때부터인 것 같다. 착한 사람으로 살아야 한다는 강박감이 생겼다. 아직 일어나지 않는 상황에 불안해했다. 남과 비교하며 남의 시선에서 나는 살아왔다. 내 마음의 감정을 회피했다.

중학교 2학년 시절에 나는 실수를 했다. 시골에서 할머니와 지낸 시간이 많았다. 나는 다양한 지식이 없었다. 시골 여학생이 도시 중학교로 전학 오면서 마음이 무거웠던 사춘기 시기였다. 전학 온 나에게 친구는 단 한 명 짝꿍뿐이었다. 그 친구는 공부도 잘했고, 요들송도 잘 불렀다. 학교에서 인기 최고였던 친구였다. 짝꿍이 돼서 학교생활을 재미있게 이어갔고 곧 적응이 되어갔다.

학교 행사에서 한라산 등반을 했다. 처음 생리하는 날이었다. 몸은 처절하게 아프고, 한라산도 세상에서 제일 힘든 길이었다. 생리 현상으로 인해 몸은 굳어졌다. 화장실은 열악했고, 사용자가 많아서 시간적인 제약으로 불편한 상황이었다. 30분을 더 가야 하산이 마무리된다.

둘 중 하나를 선택해야 했다. 야외에서 옷을 벗고 그 상황을 벗어나느냐, 옷에 그 상황을 맞닥뜨리느냐, 둘 중 하나였다. 나는 옷에 그 상황을 범했다. 단짝이었던 그 친구는 외면하고 지나갔다. 내 몸은 얼음이 되어버렸고, 잘 익은 수박처럼 나의 얼굴이 변해버렸다. 지나가는 누군가가 나에게 물을 건넸다. 어디에 쫓기듯 나는 바지에 물을 흠뻑 적시고 터벅터벅 걸어 내려갔다.

그때 나의 머리에 온통 다른 친구들의 시선이 천둥 번개처럼 지나갔다. 수치심이 극도로 올라갔고, 신장이 멎을 것 같은 느낌에 입구까지 걸어갔다. 나는 차에 타지 못하고 밤새 울며 걸어서 집에 도착했다. 33년 동안 나는 그 친구를 찾았다. 5번 정도 되는 것 같다. 타인의 시선에 극도로 예민한 심각한 강박에서 벗어날 수가 없었다.

세상에 혼자 남겨진 기분을 아는가? 우리는 모든 관계 속에서 살아가기에 타인에게서 배려받지 못하면 큰 상처를 입고 박탈감에 빠진다. 허무함과 외로움이 한없이 밀려와 힘들 때 혼자인 것이 버겁게 느껴질 때가 많은 것이다.

나조차 내 마음을 모를 때, 그 무엇도 위로가 안 되고 힘들 때 자신이 고립된 사람으로 느껴진다. 꼭 착한 사람으로 살지 않아도 우리 주위에는 따뜻한 사람들이 서로에게 온기를 나눠주며 함께 살아가고 있다. 그래서 누군가는 옆을 것이다. 우연히 누군가 찾아온다.

타인의 시선의 강박에서 벗어나고 싶었다. '행복한 삶' 연구소의 교수님이 나에게 이야기를 해주었다. 단체 생활에 적응을 안 하려는 내가 보인다고 했다. 나는 인정했다. 나는 이유 불문하고 단체라는 것에 예민했었다. 우리 학과에는 좋은 분들이 많다. 좋은 일을 하는 분들 또한 많다. 하지만 나는 함께 어울리는 것은 조금 멀리하는 편이다. 도움을 주고받을 수 있는 것들을 너무 어려워했다.

대학 생활 1학년 때 다른 동기들보다 시간이 많은 관계로 행사를 진행하였다. 진행하는 것과 다르게 빗나가는 사람과의 관계가 어려웠다. 나와 다른 사람이 있는 건 당연하지만, 행사 진행 과정에서 무시당한다는 생각이 있었던 것 같다. 의견을 내놓지 않으면서 불만인 사람들이 가끔 있다. 어디에나 있을 것이다. 단체가 힘든 이유가 이런 것들 때문에 강박감이 더 커진다. 사람에 대한 트라우마로 인해 그런 것 같다.

중학교 이후 나는 단체 생활을 거의 해본 적이 없다. 단독으로 하는 일을 좋아했다. 혼자 생각하고 판단하는 것에 익숙하다. 나에 대한 남의 시선이 두려웠기 때문이다.

내가 정말 원하는 게 무엇인지 어떻게 살아야 할지 조금은 뻔한 이야기겠지만 위로하고 위로받는 것, 스스로 위로하는 것도 필요하고, 다른 누군가의 위로를 받아야 할 때도 있다. 완벽하게 알아줄 수 없어도 가끔은 모두가 위로가 필요하다. 작은 위로가 어떤 한 사람에게는 자신에게 꼭 와닿는 따스한 온기가 될 수도 있으니 말이다. 불안에서 벗어나지 못한 것은 사실이지만 무엇인가 고통을 느낄 수 있어야 상처를 치료할 수가 있는 것 같단 생각이다.

지금 내 삶의 위치에서 어떤 마음으로 살고 있는지 생각했다. 잘하고 있다고 다독거려주며 지금 여기에 감정을 지켜보는 연습을 했다. 남들과 비교하지 말아야 하고 두려워하지 말아야 한다. 노력하면 안 되는 게 없다. 상처도 그런 것 같다. 머리로는 별일 아니라는 걸 알지만 감정이 흔들리고 괴로움을 느끼고 있는 마음마서 살펴야 한다.

누구나 느낄 수 있는, 어찌 보면 당연한 타인에 대한 강박에서 스스로 빠져 나와야 한다. 그리고 내면에 있는 자기의 감정을 보살펴줘야 한다. 우리는 거짓 노력으로 착한 아이 콤플렉스에서 벗어나야 한다. 사회에서는 만만한 사람으로 보이기 쉽기 때문이다. 타인의 요구를 거절하면 왠지 나쁜 사람으로 보이는 것을 우리는 불편하게 생각하는 것 같다. 착한 것과 바보 같은 것은 다르다. 좋은 사람 콤플렉스가 아닌 정말 좋은 사람으로 인간관계에서 필요한 사람으로 살아가고 싶다.

세상이 바뀌면서 개인주의가 많아지는 요즘이다. 우리의 다양한 감정을 이해하고 보살펴야 하는 이유이기도 하다. 실수와 고통 사이에서 살아가고 있는 삶에서 남이 아닌 나에게 맞추어 살아간다. 차갑지도 뜨겁지도 않게 적당한 거리에서 관계를 유지하고 싶다.

삶 또한 지금 여기에 살아야 한다. 과거와 미래가 아닌 지금의 나를 지켜본다. 어떠한 감정이 내 안에 있는지 어떠한 것이 나를 힘들게 하는지 스스로 지켜봐야 한다. "나 지금 이것이 이러고 있구나." 이러고 있는 나를 지켜봐야 한다. 나로 사는 것, 결국 나답게 살아내는 것이 중요하다.

좋은 사람 콤플렉스로 사는 것은 의미가 없는 것이다. 좋은 사람 콤플렉스가 인생을 지치게 한다. 그러므로 나를 위로해주고 사랑해주는 게 최우선이다. 내 안에 나를 행복하게 해줄 힘을 키우는 것이다. 무엇을 할 때 가장 행복한지 생각을 해봤다.

타인에게 맞춰진 그런 인간관계가 아닌 나답게 살기 위한 건강한 자아를 만들어야 한다. 타인의 마음에 들어야 하는 강박에서 벗어나야 한다. 스스로 살아남는 길이라고 생각했기에 불안한 마음의 자아가 생겨난 것이다. 내 방식대로 열심히 잘해주면 상대방도 좋아할 거라는 착각 속에서 관계를 맺으면 안 된다. 온통 상대방이 '나를 어떻게 생각할까?'에 집중해선 안 된다는 것이다. 행복하려면 나다운 건강한 자아가 있어야 한다.

진짜 나로 살아가야 하는 이유

더는 끙끙대지 말고, 상처받지 말고, 남의 눈치 그만 보고

인간의 마음이나 감정은 날씨 같다. 춥기도 하고 덥기도 하고 오락가락한 자기의 마음을 어떻게 알아가야 하는지를 모를 때가 참 많다. 잘 살아내는가 싶다가도 무너져버리고 휘몰아치는 감정의 소용돌이에서 잘 살아내고 싶은 마음은 더더욱 클 것이다.

타인의 시선에 대한 강박으로 살다 보니 하루 24시간이 우울할 때가 있었다. 요즘 흔한 감기처럼 우울함은 주위에 많은 사람들이 겪고 있다. 아득하고 막막함 사이를 왔다 갔다 하면서 모조리 느끼고 살았다. '나'가 희미해질수록 의무적으로 살아가기 때문에 결국 내가 먼저 무너지는 것이다.

혼자 일본 여행을 다녀온 후, 나는 어떻게 살아갈 것인가를 생각해봤다. 그래서 다시 공부를 선택했다. 강박으로 인해서 혼자 하는 것이 좋아 춤으로 유년 시절을 보냈다. 나름 인정받으려고 하다 보니 열심히 했다. 하지만 교통사고 이후 춤도 멀어지고 그냥 현실에 살아야 했다. 일본 여행에서 느낀 것은 나의 노후였다. 나의 지금 현실에 대해 생각을 해야 했다.

오프라 윈프리의 『내가 확실히 아는 것들』, 유시민의 『어떻게 살 것인가』를 읽고 어떻게 살아야 할 것인가를 고민하고 대학을 갔다. 현직에서 근무하는 사회복지 선생님들과 각각의 위치에서 어느 정도의 공부를 한 분들이었다. 역시나 단체 생활을 못 하는 나였다. 하지만 노력하기로 했다. 학교생활에서 진행하는 행사에 참석하면서 의무적으로 해내고 있었다.

교수님의 추천으로 학교 수업 외에 '행복한 삶'이라는 프로그램에 참석하게 되었다. 관심이 없었다. 하지만 동기인 영실언니와 얼떨결에 약속했기에 끌려가는 기분으로 참석했다. 역시 나는 좋은 사람으로 비치는 삶을 사는 거였다. 인사 소개를 시작으로 나는 2시간을 넋 놓고 있었다.

행복한 삶이라는 단어가 마음에 들지 않았고 분노가 있었다. 그 자리에 공부 잘하는 사람들이 대부분인 것 같아서 불편했다. 내가 무슨 말을 할 수 있을까? 그 자리를 회피하고 싶었다. 그럭저럭 시간은 흘렀지만 재미가 없었다.

우연히 다시 '행복한 삶'에 규칙적으로 참석하게 되었다. 교수님은 얼굴 자체가 행복을 뿜어내는 분이었다. 모두가 교수님을 좋아했나. 나 역시도 긍정적인 교수님의 에너지를 받고 싶었다. 학생은 나 혼자였고, 대부분 교수님이었다. 나는 몇 번을 벙어리처럼 지켜만 봤다.

어느 순간 그곳에서 내가 살아내야 하는 이유를 찾았고 함께 치료를 하고 있는 나를 발견했다. 미친 듯이 울어도 보고, 그냥 뚝뚝 떨어지는 눈물, 콧물을 먹기도 하고, 말하지 않았던 이야기도 하며 그분들과 함께 시간을 채워가고 있었다.

처음과는 다른 나의 행동들이 생겨나기 시작했다. 적극적으로 프로그램에 참석하려는 마음이 생기기 시작했다. 어색하지만 말을 시작하게 되고, 잘 모르지만 귀 기울여서 공부에도 집중해봤다. 모든 어려움이 있었던 행동들과 생각에서 조금은 자유로워지고 편해졌다. 나를 위한 치료를 해보기로 결심했다. 함께 있을 때만큼은 마음이 든든했다. 나를 표현하는 방식도 배워가기 시작했고, 사람들의 시선에서 조금은 자유로워지는 기분이 들었다. 누군가의 말을 들어주기도 했다. 소통하는 법을 배워갔다.

나의 편견에서 조금은 자유로워지는 것을 느끼기 시작할 때쯤 또 학교 행사를 진행하게 되었다. 갑작스러운 행사였다. 전국의 사회복지사들의 세미나였다. 서울에서 진행하고 처음으로 큰 무대에서 발표하게 되었다. 학창 시절 춤으로 발표해본 이후 처음으로 많은 사람들에게 전하는 것이었다.

청심환을 두 개나 먹었다. 순서가 앞부분인 사람들은 주어진 시간보다 시

오늘부터 행복한 사람이 되는 법을 가르쳐드립니다

간을 더 많이 쓰고 있었다. 그래서 청심환 효과가 떨어져버릴까 봐 중간에 다시 또 먹게 되었다.

내 차례가 되었다. 제주라는 타이틀이 있어서 그런지 나의 이름을 기억해주고, 나의 이름을 불러주고 응원해주는 게 너무 좋았다. 처음으로 지금 여기에 집중하는 훈련을 하고, 나에게 집중한 시간은 굉장한 행복이었다. 굉장한 자신감이었다.

서울에서 진행했던 사회복지사 세미나 행사에서는 학교 행정실 외에는 아는 사람이 없었다. 갑자기 준비하는 것이라 나는 집중했다. 잘해보고 싶었다. 처음에는 의아했다. 잘하는 분들이 쟁쟁한데 학교에서 나에게 기회를 주는 이유가 궁금했고 두려움도 있었다. 전체 카톡으로 진행했던 것들을 올렸다. 굉장한 관심들과 함께 칭찬이 마구 쏟아졌다.

'어떻게 살고 싶은가? 무엇을 하며 살고 싶은가?'에 대해 열심히 찾고 있다는 사실을 알았다. 내가 가진 장점이 무엇일까? 남들이 평가하는 것 말고 내가 할 수 있는 것들을 찾아봤다. 내가 누군가에게 힘이 될 수 있는 사람인 것을 몰랐다. 나의 존재에 대해서 강박감이 있다 보니 내가 잘하는 것들을 찾지 않았다.

사회의 시선으로 보면 나는 항상 초라했다. 하지만 나에 대한 무한 신뢰와 사랑이 있어야 한다는 생각을 가지게 되었다. 더는 끙끙대지 말고, 상처받지 말고, 남의 눈치 그만 보고 나의 인생을 살기도 했나. 사기 자신이 하찮이 보였던 나이기에 괴로웠던 것들, 비교하면서 나를 짓눌렀던 시간을 버리기 시작했다.

한순간에 나의 경계선을 부숴버릴 수 있는 것도 본인이었다. 용기와 행동으로 스스로 나의 기준을 정할 수 있다는 것을 알게 되었다. 나를 표현하면서 살아야겠다는 생각에 나민의 내 뜻을 품을 수 있었다. 남이 아닌 스스로가 나답게 살아야 한다는 것. 이 단어가 가장 큰 행복으로 다가왔다.

내가 잘하는 것은 남의 말을 잘 들어주는 것이었다. 그동안 못 해본 여행을 하기 위해 여행 동아리에 가입했다. 처음 보는 사람들끼리도 쉽게 친해졌다. 여자만의 여행 이야기라 가능했다. 여러 삶의 이야기를 들었다. 하지만 여행길에 남의 인생을 들어주는 것은 힘든 일이다. 하지만 이야기하는 사람들이 이해됐다. 주위 사람들에게는 힘들다는 이야기를 못 한다. 살아내는 분위기가 그렇다. 나는 안다. 그 마음을. 아무 상관도 없는 사람들에게는 말을 할 수 있지만, 그런 장소나 들어줄 수 있는 사람들은 없었다.

힘들 때 정신과 상담을 해본 적이 있다. 발걸음이 떨어지질 않았다. 입구에서 그냥 돌아온 적이 많다. 아직 우리나라에서 쉽게 이해를 못 하는 부분이 많기에 사람들이 찾아가질 않는다. 정작 가까운 사람에게는 말을 못 해서 어디든 찾는다. 대부분이 그렇다고 한다. 여행길에서는 받아들이지 못하는 이야기다. 상처 입은 사람들은 말할 수 있는 곳이 부족하다.

나는 스냅 일을 하면서부터 더욱 나에 대해 확신을 했다. 네모의 작은 프레임은 더하기 빼기의 담아내는 이야기이다. 가족, 연인들이 행복을 만들기 위해 제주 여행을 온다. 그 행복을 나는 더 많이 담기 위해 노력했다. 그들이 못 했던 이야기들을 들어주기 시작했다. 처음에는 안 할 것 같은 사람들도 어느 순간 나에게 힘든 이야기를 하고 있다.

이야기에 귀 기울여주고 여행길에 행복한 감정으로 아픔을 버리고 있었다. 여행하는 동안 사람들은 행복을 느낀다. 함께 온 사람들에게 전하지 못한 것들을 조금씩 표현해보기도 한다. 못 해본 행동들을 시켜본다. 대부분 쑥스러워하면서도 마음껏 스냅을 담는다. 얼굴에서 감정들을 볼 수 있다. 서로가 서로에게 표현을 많이 하지만 서툰 것이었다.

촬영이 끝나고 나서 나는 작은 편지지를 준다. 편지를 써보라고 한다. 대부분은 상대방에게 쓰려 한다. 나는 자신에게 지금의 감정을 써보라 한다. 상대에게는 쓸 말은 많지만 정작 자신에게는 잘 쓰지 못한다. 자신에게 쓴 편지를 언제든 보고 싶으면 우편으로 보내줬다.

시간이 지나고 그때의 자기감정을 맞닥뜨리면 정말 행복이 두 배로 느껴지는 것을 나는 나의 경험으로 알고 있다. 이런 모든 감정을 공유하면서 우리는 무의식적으로 타인에게 많은 시간을 할애한다. 정작 자신에게 시간을 줘야 한다는 사실을 잘 모르고 살기 때문이다.

타인의 강박에서 살아왔던 오랜 시간으로 인해 나는 너무 많은 무기력과 함께 자존감이 떨어져 있어서 내가 누군지도 모르고 살았다. 나에게 쓰는 편지로 현재의 나를 점검하는 계기가 됐다. 진짜 나로 살기 위해 처음 해본 것들이었다.

남의 시선에 너무 갇혀 살았던 내가 이제는 남에게 휘둘리시 말고 스스로를 사랑하면서 살아가야겠다는 생각을 한다. 피해 의식으로 두려워하던 나에게 다시 행복을 만들어본다. 일상의 지루함이 반복되고 있지만 반복되는 것들이 평화로울 수 있게, 내 감정의 소리를 잘 들어본다.

살면서 즐거웠던 순간, 질투가 났던 순간, 감추고 싶은 것들을 적어봤다. '나의 인생이 즐거워야 하지 않는가?'라는 질문을 던져보기도 했다. 진짜 나로 살아가야 할 이유를 적어본다.

누구나 열등감을 가지고 있다

결핍 없는 삶은 존재하지 않는다

열등감은 다른 사람보다 자기가 뒤떨어졌다고 생각하거나, 자기에게는 능력이 없다고 생각하는 만성적인 감정 또는 의식이다. 사실 열등감은 희로애락처럼 살면서 누구나 느끼게 되는 보편적인 감정이다. 그런데도 우리는 열등감을 좋게 생각하지는 않는다. "열폭한다."라는 신조어도 있을 만큼 자연스러운 감정임에도 불구하고 애써 감추려 한다. 좋지 않은 감정이라고 생각하기 때문일 것이다. 열등감을 느끼면서도 쿨한 척하는 사람들이 늘어난다.

직원 10명 중 7명이 회사 내에서 열등감을 느꼈다는 설문조사 결과도 있었으며, 네이버 지식인에 열등감이란 주제로 고민하는 사람들이 10만에 가까웠다. 열등감과 마주하다 보면 자신의 부족한 부분이 무엇인지 알 수 있게 된다. 살아가는 동안 열등감에서 벗어나는 일도 쉽지가 않다. 문제 해결 또한 되지 않고, 불행을 자초할 수도 있다.

35살 때쯤 나는 플로리스트였다. 꽃을 만지다 보면 손은 당연히 거칠어진다. 퉁퉁 부어오르기도 하고, 가시에 찔려 상처가 오래 가기도 하고, 거무스름한 피부 군데군데 상처투성인 손이 된다.

고등학교 동창이었던 친구 C를 오랜만에 만나게 되었다. 해안도로에서 점심을 먹기로 했다. 일하다 시간 맞춰 약속장소로 갔다. 날라리 같은 C의 남자친구가 함께 있었다. C의 남자친구를 소개받는 자리가 되었다. 결혼한다는 말을 듣고 나는 점심을 대접하겠다고 했다. 남자친구의 소개를 간단하게 해주었다. 음식이 나오기를 기다리며 첫 만남의 러브 스토리를 들었다. 드디어 맛있는 파스타가 나오고 식사가 시작됐다. 양손을 써가며 맛집의 파스타를 먹기 시작했다.

한 입 먹기 시작하면서 C의 남자친구가 나에게 말을 건넸다.

"여자 손이 왜 그렇게 쭈글쭈글하고 거칠어요? 관리 안 하세요?"

순간 나는 눈에 힘이 들어가고 어금니 사이가 빈틈이 없어졌다.

"우리 여친은 손 하나는 끝내주게 이쁘죠?"

C 동창생은 피부관리를 전문으로 하는 친구였다. 순간 친구의 손을 보니 정말 뽀얗고 가느다란 손가락들이 파스타의 포크하고 정말 잘 어울렸다. 순간 나의 손을 쳐다보았을 때 시커먼 피부에 상처투성이인 내 손이 정말 괴물 같다는 생각이 순간 들었다. 얼굴이 뜨거워지며 나는 말했다.

"손이 이쁘긴 하네요."

그러고는 머릿속에서 돈 한 푼 없어서 여자친구에게 빌붙어 사는 인간 같지 않은 너보다 잘 산다는 생각을 하며, 날라리 같은 C 동창의 남자를 한심하게 봤다. 간단하게 점심을 먹고 오랜 시간 함께 있기 싫었다. 시간이 아깝고 돈이 아까웠다. 내가 이런 무시를 당해야 하는 것에 열등감이 들기 시작했다. 아무짝에도 쓸모없는 부정적인 행동들이 나왔다. 저녁 시간에 낮에 만난 동창생 C에게 전화가 왔다. 남자친구가 어떠냐고 나에게 물어본다. 나는 마음속에 있는 말을 막 하고 있었다

"내가 보기에는 별로다. 그 남자 만날 거면 나에게 연락하지 마."

그 후 그 친구와는 연락이 끊겼다.

타인과 비교해버리는 습관이 생겼다. 타인보다 우월해지고 싶어 하는 마음도 있다. 사람을 싫어하지만, 사람을 등지고 싶지 않은 것도 있다. 누구나 가지고 있는 약점, 자신에게 유리한 쪽으로 해석하는 것이 중요하다. 내성적인 성격을 가진 나는 꼼꼼함과 신뢰감이 무기가 될 수 있기 때문이다.

우월감으로 열등감을 덮을 수 없다는 것은 사실이다. 열등감으로 인해 생기는 심리적 결핍으로 오는 행동들도 있을 것이다. 내가 추구하는 것이 정말 나에게 필요한 것인가? 나에게는 과잉 보상을 하려는 마음이 생겼다. 남들로부터 인정을 받는 것을 선택했다. 남들의 부탁을 거절하지 못했다. 거부당할지 모른다는 두려움 때문에 비정상적으로 기울어진 관계에서는 가끔 분노가 일어났다.

가끔 TV에서 엄청난 노력과 의지로 성공을 하는 사람들을 본다. 떳떳한 자신에게 자부심을 느끼며 살아가는 것을 보았다. 현실에서 부딪치는 것들을 과감히 이겨내고 성공한 이야기들을 볼 때면 무한한 기회가 열려 있다는 생각도 했다. 그래서 희망을 품고 살기도 한다. 그러나 요즘은 가난하면 죄라고 생각하는 사람들이 많다.

내 과거의 실수로 인한 열등감이나 현 위치에서 하고 싶은 일도 있다. 사건들로 인해 내 삶의 전체가 흔들리는 것도 원하지 않는다. 남들이 보기엔 보잘것 없다고 생각하겠지만, 나는 나에게 응원하는 마음이 크다.

삶은 그 누구도 돌봐주지 않는다. 상처가 생겼다는 이유로, 마음이 아프다는 이유로 놓아버리면 안 된다. 아주 힘들었다면 원치 않는 것들도 안아주고 살아야 한다. 다들 애틋하게 자기의 삶을 살아내고 있으니 자신만의 문제는 아니라고 생각해보기도 했다. 미디어가 보여주는 연출된 것들과 SNS로 인해 열등감을 가지는 사람들이 늘고 있다. 무엇 하나 결핍되지 않는 것들이 없다는 것이다. 내면의 가장 밑바닥에 열등감을 숨겨놓고 누구나 살고 있기 때문일 것이다.

결핍 없는 삶은 존재하지 않는다. 프로이트가 규정한 정상의 기준이 약간의 히스테리, 약간의 편집증과 강박증이다. 정상이란 완전무결한 것이 아니라 약간의 상처, 결핍, 부족함을 의미할 것이다.

삶은 여러 형태로 나뉘어 있다. 각자 모습으로 살아가는 것뿐이다. 어떤 환경이나 어떤 결핍이 있든 그게 정상인 것이다. 사람들은 불행을 꼭꼭 숨겨두고 표시하기를 싫어한다. 원치 않는 일을 겪으면 받아들이는 것에 따라 사건으로 기억하는 사람과 불운으로 생각하는 사람이 있다. 열등감은 통제할 수 있는 상황이 없을 때 생겨난다. 불안과 두려움으로 열등감은 더욱 고조될 수 있다.

사랑한다는 이유로 구속하려고 하는 사람들이 많아짐에 따라 데이트 폭력도 점점 커져만 가고 있다. 빈부의 격차가 가면 갈수록 커짐에 따라 사람들이 느끼는 열등감은 상상 이상으로 표출이 된다.

묻지 마 사건들을 보면 알 수 있다. 자기만의 열등감 때문에 약자들을 괴롭히는 현상들, 묻지 마의 공포는 자신이 통제하지 못하는 버거운 일들을 마주하면서 발생하는 것 같다. 우리가 살아가는 세상에 불안은 갈수록 많아지고 있다.

유튜브 같은 매체와 미디어 등 많은 곳에서 사람들의 열등감이 표출되고 있다. 미친 사람들이 넘치는 세상인지도 모른다. 너무 많은 정보와 사건들로 인해서 우리가 느끼는 불안의 양도 많아지고 있는 것이다. 불안한 마음들이 쉴 새 없이 마음에 자리 잡은 것일 수도 있다. 실제로 벌어지는 상황과 생각의 경계가 무너지고 있다. 별일 아님에도 안절부절못하는 지금이 우리의 현실일 수도 있다.

지나치게 과민해진 나를 이해하고 타인의 시선에서 조금 더 자유로워야 하는 이유 중 하나이다. 감정이란 것을 밖으로 나오지 못하도록 무시하며 산다. 알 수 없는 불안과 열등감이 있다면 우울함이 머물 수 있다. 그 감정을 찾아 어쩔 수 없는 우울과 분노와 상실감과 대면해야 한다.

김수현 작가의 『나는 나로 살기로 했다』에서 본 것 같다. "중요한 것에 대해 깊게 생각하는 것, 많은 것에 대해 얕게 생각하는 것, 문제의 실체를 만나기 위해선 생각의 양이 아닌 깊이가 필요하다."라는 글이 있었다. 공감한다. 나다운 삶을 찾아봐야 한다. 나답게 살아야 한다는 말을 무수히 많이 들으면서도 나다운 것들을 찾기는 힘들다. 자신에게 관심을 가지며 살아가야 하지만 금세 우리는 누군가와 끊임없는 비교를 하며 나를 학대하곤 한다.

자신에게 관심을 기울이며 남과 다른 어떤 것에든 열등감을 가지지 말자. 누구나 가지고 있는 열등감이다. 커트 코베인은 "내가 아닌 모습으로 사랑받느니 차라리 있는 그대로의 내 모습으로 미움받겠다."라고 했다. 자신의 자존감을 높여야 하고, 세상의 기준과 평가에 상관없이 스스로 존중하는 마음을 키워가야 한다. 물론 말처럼 쉽지 않기 때문에 세상은 힘들다고 생각할 수 있다. 자존감 없이는 점점 버티기 힘든 곳이기에 조금씩이라도 변해가야만 하는 것 같다. 행복해지려면 나의 자존감을 키워야 한다.

남들도 나처럼 힘들다

감정에 공감해주는 것이다

"악~~아~~~악!!!!"

소리를 있는 대로 질렀다. 온몸이 떨리게 소리를 지른다. 언제부터인가 힘들 때면 소리를 지르는 습관이 생겨났다. 어디에 하소연하고 싶은 마음도 없다. 나중에는 또다시 상처가 돼서 돌아온다. 목이 아플 정도로 소리를 지르면 목소리가 안 나온다.

주위를 돌아보면 아프다는 사람이 별로 없었다. 다들 행복한 모습이다. 정말 그런 것일까? 내 안에 정신적 혼란이 있을 때 나를 위해 가끔은 시간을 만들어 소리를 지른다. 소리 질러~~~!!! 워워~~~.

누구나 살면서 무수한 불행과 실패의 경험을 한다. 그중에서도 삶을 놓아버리고 싶을 만큼 큰 불행도 있다. 사람마다 고통의 크기가 같을 수 없기에 자신의 감정에 귀를 기울여야 하는 이유이기도 하다.

불행의 기운이 있을 때는 내 불행이 전부인 것 같고, 슬픔과 좌절에 쉽게 빠지는 것 같다. 불행은 몰입이 빠른 편인 것 같다. 다른 사람의 아픈 이야기를 대수롭지 않게 넘겼던 기억이 많다. 마치 나만 더 아픈 것처럼. 가끔은 문득 잘 살아내고 있다는 생각이 들 때도 있다. 그것은 '다른 사람이 나에게 힘든 이야기를 할 때'인 것 같다. 나만 힘든 것 같다는 생각을 지배적으로 가지고 있었지만, 가끔 소소한 행복이 있어 살아내고 있다는 것에 감사했다.

여행 동아리에서 만난 61세 언니가 있다. 이모라 부르지 않는다. 양파 언니라고 한다. 가끔 시간이 날 때 맛있는 음식과 멋있는 공간에서 스냅 촬영을 했다. 가끔은 나도 모르게 양파 언니에게 힘든 일들을 말하곤 했다. 그때마다 양파 언니는 잘 들어주는 편이다. 양파 언니는 언제나 내가 무엇인가를 갈구하는 모습이 멋있다는 칭찬을 해준다. 고마운 언니이다.

한번은 블로그를 독학하며 공부하고 있다는 이야기를 양파 언니와 하고 있었다. 양파 언니가 눈이 촉촉해지는 것이다. 순간 멈칫했다. 양파 언니가 이야기를 꺼낸다. 이야기를 들으면서 공부하고 싶은 마음이 많았던 양파 언니였다는 사실을 알았다. 초등학교를 못 나왔다고 한다. 나이에 대한 편견 때문이었는지 나는 그 시대는 다 그렇다고 말하면서 언니를 위로하려고 했는데, 그 순간 우리 학교 같은 과 동기분이 비슷한 나이였다는 생각이 들었다. 그분은 고등학교까지 나온 분이었다.

양파 언니의 갈증을 이해했다. 그 갈증이 얼마나 힘들었을까? 이 사실을 주위에서 아무도 모른다는 언니의 말에 나는 덜컹했다. 나는 별거 아니라고 생각했던 것이 양파 언니에게는 눈썹이 떨릴 만큼 아프고 힘든 것이었다.

양파 언니는 못 한 공부를 자식에게 기대했다고 한다. 충분히 더 잘할 수 있는 것들도 하지 않을 때는 속상하다고 했다. 양파 언니가 하고 싶어 하는 일도 있었다. 나는 충분히 할 수 있는 것이라고 말해주었다. 하고 싶어 하는 것도 잘 모르고 사는 사람들이 얼마나 많을까? 그래도 하고 싶은 것을 찾아 노력하는 게 얼마나 행복한 것인지 알았다. 하고 싶은 것을 할 수 있게 도와 주겠다고 했다. 입가가 보석처럼 빛나게 웃고 있었다.

100세 시대에 61세는 결코 늦은 것이 아니다. 가끔 나만 불행의 시간을 견뎌내는 것 같았지만, 내 인생이 불행의 수렁에서 빠져나올 수 있다는 것도 알

앉다. 불행은 잠시 일상에 스쳐 지나가는 것이다.

   불행은 두 가지인 것 같다. 하나는 잘못된 방향으로 가는 것, 또 하나는 희망의 방향으로 가는 것. 뻔하지만 나는 방향을 잡으려고 한다. 오늘부터 나는 불행했던 모든 과거, 스쳐가듯 아파했던 모든 것들과 작별할 것이다. 양파 언니의 희망 콘셉트를 만들어내면서 누군가의 힘이 되어주는 내가 있었다.

   내가 나를 믿어주지 않으면 누가 나를 믿어줄까? 내가 성장하고 있다는 사실을 믿어야 한다. 나의 고단하고 치열하게 살아왔던 시간, 힘들고 무서워 포기하고 싶었던 마음들. 타인에게 공감하는 것이 쉬운 일이 아니지만, 공감까지 가는 길에 문제를 해결하며 고비를 넘는 것도 행복할 수 있다는 생각이 든다.

   예측할 수 없는 트라우마가 있기도 하다. 나 역시 트라우마로 많은 시간동안 힘들었다. 누구도 완벽하게 벗어나지는 못하는 게 사실일 것 같다. 우리는 겉으로 드러난 모습만 보며 타인의 무게를 짐작한다. 타인의 눈에 비친 모습이 전부가 아닌 것에 타인이 말을 하면 온전히 그 말이 진실인 것 같다고 생각한다. 그 누구의 삶도 완벽하지 않기에 우리는 서로를 위로할 수 있다는 생각이 든다. 친구가 말을 했다.

   "넌 힘껏 삶에서 노력하며 무언가를 하고 있구나!"

이 말에 나는 눈가가 촉촉해졌다.

CU 편의점을 했다. 24시간 365일 쉬는 날이 없었다. 추석 연휴가 되면 미치도록 힘든 감정이 든다. 추석이라 아르바이트생이 없다. 혼자 운영해야 한다. 아침이면 고양이 세수를 하고, 대충 폐기 직전의 삼각김밥을 먹고 화장실에서 양치하면 끝이다. 입었던 옷에 윗옷만 바꿔 입는다. 남들이 연휴에 느끼는 감정들을 보며 연휴의 달콤함을 느꼈을 뿐이다.

남들 놀 때 일하는 사람들, 남들 잠을 잘 때 일하는 사람들, 경찰, 소방관, 대리운전 등등. 야간에 일하는 모든 분이 그러할 것이다. 24시간 근무하다 보면 새벽 시간 어김없이 졸음이 쏟아진다. 카운터에 엎드려 잠을 자보기도 한다. 근육이 뻐근해서 쥐도 난다. 한번은 새벽 4시에 쏟아지는 잠에 취해 딱 10분만 잠을 자면 소원이 없겠다고 생각했다. 바닥에 라면 상자를 깔고 카운터 옆 작은 공간에 몸을 비집고 누웠다. 길바닥에 누운 느낌이었지만, 그 시간은 꿀 같이 행복한 시간이었다. 바닥에서 차가운 기운이 올라왔지만, 아랑곳하지 않고 잠을 잤다. 잠을 못 자는 고통 때문에 사람이 불행하다고 생각했던 것은 처음인 것 같다. 잠을 못 자고 일하시는 분들은 힘든 시간을 견디는 것이다. 나는 10년의 세월을 견뎌냈다.

우리는 무엇인가 특별함을 가지고 싶어 한다. 현실에서 평범한 것들이 행복하지 않다고 생각한다. 보통의 삶에서 제약을 많이 두는 것은 본인일 것이

오늘부터 행복한 사람이 되는 법을 가르쳐드립니다

다. 쉴 새 없이 계산하고, 자신에게 맞는 답안지가 어떤 것인지 찾아야한다. 삶에서 기쁨이 너무 단조로울 때 그럴 수도 있다는 생각이다.

세상에 뿌리 내린 생각의 방식은 엄청난 것 같다. 잘 살아가는 것에 여러 방법이 있을 것이다. 우리는 각자의 답을 찾아야 한다. 여러 번의 실패를 경험하고 고군분투하던 나는 실패를 통해 길러낸 마음으로 결국 내가 가장 잘 어울리는 방법으로 살아가야 한다는 것을 배웠다. 상처 입은 사람들의 일상에서 겪는 억울함이나 외로움들이 모두에게 있다는 사실도 알아야 한다.

"별거 아니다. 괜찮다. 가능하면 버텨라."

이렇게 이야기한다. 맞는 말이지만 이 말을 들으면 서운했다. 특별하게 해줄 것도 없다고 한다. 누구나 알고 있는 사실이다.

고통을 호소하는 상대의 말은 들어줘야 한다. 사람들은 버티고 버티다가 말을 꺼내는 것이다. 마음이 편안한 곳이라고 생각하기에 이야기를 털어버리려 한다. 사람은 위로받고 싶어 한다. 일상의 공간에서 말하고 싶은 것들을 들어줘야 한다.

프로이트 정신분석학 이론이 나온 지 100년이 넘었다. 우리가 심리적인 어려움을 겪을 때 약물 치료보다 더 빠르게 사람 마음을 움직일 수 있는 힘이 있는 것 같다. 그 힘은 즉시 작동할 수 있다. 가장 절박하고 힘에 부치는 순간에 사람에게 필요한 건 단순하다. "네가 그랬다면 무슨 이유가 있을 거야."라는 말일 것이다. 감정에 공감해주는 것이다. "그럴 만한 일이 있었나 보다." 우리는 이런 공감을 원한다.

이미 사람을 유령처럼, 그림자처럼 대하는 왕따 문화가 생겼다. 존재 자체로 주목하고 인정하지 않는 것들이 많다. 그래서 존재 자체가 주목받지 못해서 생긴 허기와 결핍으로 인해 마음이 더 곯는 것 같다. 근원적인 외로움이 많다는 것이기도 하다. 존재 자체가 계속 방전만 되면 꺼지기도 한다.

공감은 힘이 세고 강한 위력을 갖는다. 공감은 돌처럼 꿈쩍하지 않았던 마음까지 움직이게 한다. 공감에 대한 오해나 편견은 셀 수 없이 많다. 공감은 타고난 것이 아니라 배우는 것이기에 누구나 배우면 할 수 있다는 생각이다.

사람들은 무섭고 힘든 일이 생기면 다들 걱정을 한다. 1g짜리 걱정을 10kg짜리로 만들어버린다. 너무 많은 걱정을 하다 보면 습관이 돼버리기도 한다. 좋은 습관이 아닌 것은 담아둘 필요가 없다.

힘들다는 건 더 잘하고 싶은 무언가가 있기 때문일 수도 있다. 그래서일까? 어느 정도의 긍정적인 스트레스를 가지며 사는 사람들도 있다고 들었다. 지금 내 감정을 읽어봐야 하는 이유이기도 하다. 자기 마음을 모르는 경우들이 많다. 모든 사람이 다 그렇게 살아가고 있다는 위안을 하며 자신의 감정을 위로하지 않는다. 지금 나의 감정을 위로하고 알아야 한다.

2장.

매 순간 불안하고

억울한 사람들에게

불안하고 억울한 게 정상이다

문득 위기가 기회가 될 수 있겠다는 생각이 들었다

지금 불안하고 억울하지 않은 사람이 없다. 숨이 턱턱 막히며 현실을 살아
가는 사람들이 많을 것이다. 코로나19로 인해 전 세계 사람들이 불안하고 억
울한 마음이 드는 게 정상인 것이다. 모두 다 빨리 끝나는 상황을 기대했지
만, 코로나19 여파는 거세게 몰아쳤다. 시간이 지나면서 우왕좌왕했던 사람
들도 이제는 개인의 생활 규칙 시스템에 적응해가며, 코로나가 확산하지 않
기를 바라며 살아가고 있을 것이다. 심리적인 불안감을 가진 사람들과 억울
한 사람들이 많아지는 것에 사회 분위기가 심상치 않다.

어느 날 대구의 신천지 집단에서 급격히 바이러스가 퍼지는 것을 보고 공포에 시달리지 않은 사람이 없었다. 모두가 한 번씩은 분노하고 불안해했을 것이다. 누군가의 이기적인 행동으로 인해 바이러스가 조금이라도 확산이 되면 정말 욕을 바가지로 했다. 온라인 공간에 드러나는 공격성 있는 발언을 보며 스트레스를 풀기도 했다. 어이없는 행동을 하고 있는 사람들을 보다 보니 더 억울하고 불안한 생각이 스트레스로 다가왔다.

관광 도시 제주는 바로 타격을 입었다. 그럴 수밖엔 없다. 사람들이 움직이지 않고 빨리 회복되기만을 기다리며 제주 섬에 바이러스가 퍼지지 않기를 바랄 뿐이었다. 순간순간 한 번씩 몰아닥치는 불안과 억울함이 조용히 숨죽이며 생활하고 있던 사람들에게는 분노가 된 것이다. 여행객이 줄어들면서 내가 하는 일도 당연히 영향을 받았다. 어쩔 수 없었다. 상황이 언제 종식될지 모르기에 중요한 결정을 해야 했다. 코로나19로 일상의 모든 것들이 불안이다.

결국 폐업을 결정했다. 주위에서는 조금만 버티고 있으라고 조언하지만, 내 생각은 달랐다. 모든 기본 생활 패턴들이 바뀌고 있는 것을 볼 때 코로나가 가져오는 것들은 엄청난 것 같았다. 자리 잡고 있던 나는 경제적인 손실이 클 것 같았다. 누구를 원망할 수도 없었다. 나만 그런 게 아니라서 힘들다고 말도 못 했다. 실업자들이 늘어가고 사업자들이 폐업을 하면서 나와 똑같은 상황이 되어 너무 마음이 아팠다. 시간이 지날수록 자영업자 중에 경제적으로 파산이 되어버린 사람들도 많이 생겨났다. 모두가 불안하고 억울한 마음에 하늘을 찌를 듯한 원망들과 어디에 하소연할 수 없는 마음이 공존할 것이다.

코로나19로 인해서 많은 사람들이 좌절을 한다. 나 또한 한동안 무기력했다. 집구석은 안전하다며 스스로 위안하면서 한 달을 지냈다. 점점 수많은 사람이 나와 비슷한 상황이 되어버리는 소식들을 많이 접하면서 불안감은 고조되고 있었다. 무엇을 해야 할지, 어떻게 해야 할지, 무엇을 할 수 있을지, 무너지는 마음을 잡느라 한동안 힘들었다. 하고 싶었던 것과 해놓았던 것들에 미련이 남았기에 또 다른 길을 찾을 수가 없었다.

사람들을 만나지 못하는 것으로 인해 우울한 마음들이 들기 시작하면서 스마트폰을 가지고 놀기 시작했다. '온라인의 세계'에 지식들이 넘쳐 나는 유트브를 보기 시작했다. 처음에는 호기심으로 시청을 했지만, 어느 순간 다양한 사람들이 나누는 정보들로 가득 차 있었다. 그리고 알아낸 것이 온라인의 건물주라는 단어이다.

많은 사람이 접속하고 치열하게 공부를 한다. 깜짝 놀랄 정도였다. 공부는 학원에서, 학교에서 하는 것이라고 생각했던 편견이 사라졌다. 나는 하루 8시간 학교에 등교해서 공부하는 것처럼 집구석에서 온라인 학교로 등교했다. 불안하고 억울한 생각들이 차츰 없어지면서 감사한 생각들도 들었다.

문득 '위기가 기회가 될 수 있겠다'는 생각이 들었다. 온라인을 공부하는 사람들의 생각이 다 똑같지 않을까? 코로나19로 인해 나만 피해자가 아니기에 조금 쉽게 모든 것들을 정리할 수 있었던 것도 사실이다. 불안하고 억울한 것들은 많았지만 한편으로는 시간을 가지고 정말 내가 할 수 없었던 것들을 독학으로 공부하는 열정을 찾있다는 게 신기했다.

나는 억울하고 불안했던 마음을 가지고 지낸 시간이 많다. 그러다 보니 더 이상 불안하거나 억울하고 싶지 않은 것도 사실이다. 불안했던 시간 때문에 너무 낭비된 시간들이 아까워진다. 누구나 조금씩 불안이 있는데 너무 예민하게 나만 그런 줄 알았다. 정상 같지 않았기에 늘 정신이 없었던 것 같다. 이런 마음을 가지고 살다 보니 더욱 자존감이 떨어진 것 같다. 어떤 일을 하면서도 늘 불안했다. 불안감이 커지면 고통스럽다. 억누른다고 없어지는 것이 아니다.

불안한 마음이 무언지 찾아보고 싶었다. 불안은 낯선 상황에서 많이 나타났다. 코로나19로 인해 낯선 상황에 모든 사람이 노출되어 있다. 이 상황을 어떻게 대처해야 하는지를 너무 많은 대응으로 인해 더 심했던 것 같다. 바이러스 감염으로 인해 가족들과 지인들이 나로 인해 피해볼까 하는 생각에서 불안했다. 기본적인 사회적 거리 두기를 하면서 조심스럽게 걷고 있지만 누군가는 억울하게 걸린 거라고 생각을 할 때 정신적인 고통은 클 것 같다. 다들 이런 생각을 한 번씩은 해보지 않았을까? 나만 그런 게 아니라는 것으로

오늘부터 행복한 사람이 되는 법을 가르쳐드립니다

위안을 삼고 있다. 사람들을 만나는 횟수가 줄어들고 환경도 각박해져 가면서 우리의 불안과 억울은 더 깊게 존재하는 게 어쩌면 당연한 것 같다.

  부정적인 생각으로 왜곡된 사고가 많다. 자극이 왔을 때 받아들이는 것들은 자기의 경험으로 하여금 생각이 만들어낸 괴물이 되기 때문이다. 불안한 심리들로 인해 행동에 돌발상황이 나타나기도 한다. 아무 일도 일어나지 않았는데 무슨 일이 일어날 것 같다는 생각이 들었다. 예전의 비슷한 경험으로 인해 스스로 부정의 감정을 선택한다. 불안한 생각이 들 때는 멈출 수가 없고, 행동반경이 줄어든다. 사회적 거리 두기로 인한 시스템에서 스스로 조심을 하면서도 늘 불안이 많아서일 것이다. 세상에는 무수한 불안을 가진 사람들이 많다.

 '행복한 삶' 프로그램을 하면서 나의 트라우마를 치유하며 들었던 생각이다. 무수히 많은 생각들, 다시 말해 혼자 소설을 많이 쓰고 있었다는 것이다. 모든 일들에 과거에 일어났던 경험과 미래에 올 것을 혼자 생각하면서 불안해하고 억울해했던 것 같다. 과거에 살고 있었고 불안전한 미래에 살고 있었다. 지금 이 순간 나에게는 현재가 없었다는 것이다. 지금 여기에서 자신의 감정에 충실하는 연습을 했다. 자기가 느끼고 있는 것들이 무엇이 있는지 스스로 보는 훈련인 것이다. 나는 너무 어렵게만 생각했던 것 같다.

 '내가 지금 이러고 있구나. 내 감정이 이것 때문에 이러고 있구나.'

불안한 마음이 들 때 잠시 나의 감정을 돌봐야 한다. 머릿속에서 그려진 나의 마음을 따라가 봐야 한다. 자기가 느끼는 감정을 오롯이 받아들였다. 자기 존재와 만나면 눈물이 왈칵 쏟아졌다. 왜 우는지도 모르게 눈물이 난다. 혼자 있는 자신을 스스로 만나게 되면 위로를 해야 한다. 스스로 위안을 하며 공감을 해주는 자신을 찾을 수가 있을 것이다.

상처는 마음속에 꽁꽁 숨긴다. 드러내면 더 불안하고 더 수치스러운 일이 생길 것이라는 피해 경험으로 인해 불안하고 억울한 것들을 그렇게 깊게 묻고 살았다. 상처를 드러내놓고 살 수 있을까? 그럴 수도 그럴 필요도 없다. 그런데 억누르고 살아야 꼭 잘 사는 사람처럼 보이는 편견에 우리가 억누르며 살아왔는지도 모른다.

자기를 지켜보며 살아야 한다. 무엇이 불안하고 억울한지 스스로 달래며 살아가야 한다. 지금 자기의 감정을 공감받지 못하면 마음에 고름이 생긴 것도 모르고 살아간다. 지금 나를 지켜본다. 불안하고 억울한 나의 마음을 스스로 위안한다. 전문가와 믿을 만한 사람들과 공유를 했다. 부족함을 쿨하게 인정해보기도 했다. 실수할 수도 있고, 잘못할 수도 있기에 강박에서 너무 많은 에너지를 소모했다. 완벽 추구에서 조금은 벗어나야 한다. 잘하고 싶은 마음도 살짝 내려 놓아본다.

불안은 누구나가 많은 이야기를 할 수 있는 단어이다. 어디에선가 들었던 말이다. 나무가 해충에게 공격당했을 때 불안하지만 나무는 도망갈 수 없다. 나무가 할 수 있는 것은 피톤치드를 뿜어내는 것뿐이다. 나무의 피톤치드는 해충을 쫓아내지만 자기 자신을 괴롭히거나 해치지 않는다. 피톤치드는 숲을 풍요롭고 아름답게 만들어주는 역할을 한다. 우리가 가지고 있는 불안도 노력하면 나무의 지혜처럼 바뀔 수 있다고 생각한다. 생각은 만들어낸 것이다. 그래서 생각은 멈출 수가 있다.

02

괜찮다. 너만 그러는 게 아니니까

힘들다고 해도 괜찮다

가끔 나는 "괜찮아, 너만 그러는 게 아니잖아." 이 말을 들으면 기분이 조금 나쁘다. 나만 그런 게 아니고 모두 힘들다는 것이다. 어떻게 보면 당연한 말을 하는 것이다.

지금 힘든 나에게 이런 말은 더 노력하며 살아가라는 충고로 느껴진다. 이해도 되지만 이해하고 싶지 않을 때가 많다. 사람들도 자기만의 감정을 챙기기 바쁠 테니 자기 합리화라고 하며 위로했다.

팬데믹으로 인해서 번아웃 증후군(한 가지에 몰두했던 사람이 극도로 불안하고 정신적 피해, 결정 피로, 무기력을 느끼는 것)이 많이 생겨났다. 경험해보지 못한 심리적인 스트레스가 되었다. 코로나 이전 세상으로 다시 돌아가지 못한다고 했다. 예상하지 못한 일들을 현실로 받아들여야 할 때이다.

언컨택트 시대에 인공 지능, 가상 현실, 플랫폼 비즈니스들이 시대로 흘러간다. 코로나19로 인해 외국에서는 무장 강도가 생기고, 우리나라는 마스크 대란이 일어났고, 사회적 거리 두기를 한다.

사람들에게 심리적 불안 현상이 생겼다. 자가 격리자가 무단 이탈하는 이유는 무엇 때문일까? 가끔 뉴스에서 발생하는 일들을 볼 때마다 분노가 생겼다. 많은 사람이 그럴 것이다. 코로나19 발원지가 중국이라 생각하는 사람들이 아시아 사람들을 인종 차별하고, 영국 런던 지하철에서는 폭행 사건이 일어났다. 이태원 클럽으로 인해 성소수자 집단에 대해 비난이 일어났고, 교회 단체 집단에 대한 비난이 쏟아져나왔다. 불안해하고, 분노하는 일상이 되어버렸다.

자유가 사라지는 느낌이다. 외부 활동들이 눈치를 봐야 하고 모든 것에 의심해야 하는 상황이다. 일상의 행복들이 없어진 것 같다. 자유롭게 다니던 그 소소한 것들이 점차 사라져버리고 사람 관계에서도 거리 두기를 하며 "몸은 멀리 마음은 가깝게"라는 캠페인도 진행되었다.

코로나19가 심각해져버린 2020년 2월 말쯤부터 전화기에 불이 났다.

"작가님, 코로나19로 인해 촬영 취소해야 할 것 같아요."

"그렇죠? 시기가 그렇죠~!"

취소 문의 전화가 많이 왔다. 전화를 끊고 환불을 해야 하는 상황이 되어 한참 동안 계산기를 누들겨봤다. 전재지변으로 인한 것이기에 100% 환불을 진행했다.

바이러스가 금방 잡히지 않는 것에 좌절하고, 종식되기만을 기다려야 하는지, 어떻게 해야 하는지, 방구석에 틀어박혀서 하루에도 12번이나 이랬다가 저랬다가, 계획을 수십 차례 반복하는 일밖에 할 일이 없었다. 무급 휴가와 폐업을 고민하는 사람들이 주위에 많아졌고, 나에게는 취소 문의가 줄줄이 이어지고 있었다. 우울한 날이 계속되고 무엇을 결정하기가 쉽지 않았다.

나의 일이 이제는 안정권이라 생각했었다. 이렇게 무너져야 하는가? 몇 년을 고군분투하며 살려온 나의 작은 일에 마침표를 찍어야 하는가? 무엇을 또 해야 하는지 정신적 혼란이었다. 그렇게 2달을 정신적 혼란으로 지내다가 마침내 결정을 내렸다. 냉정하게 현실을 보고 침착하게 폐업을 결정했다. 가지고 있던 카메라까지 정리하려고 했지만, 나의 분신이기에 갖고 있기로 했다.

2달의 정신적 혼란 속에서 전투적으로 내가 해야 하는 일들을 찾았다. 현실에서 할 수는 없지만, 코로나 사태가 진정되면 무엇이 있어야 하는지, 무엇을 배워야 하는지, 인터넷 검색에서 눈을 뗄 수가 없었다. 주위 사람들은 사회적 분위기가 바뀌기만을 기다렸다.

예고 없이 닥친 위기에 사람들이 우왕좌왕이었다. 원하는 일들을 찾아 노력했지만, 세상은 쉽사리 내가 원하는 것을 내어주지 않았다. 그래도 나는 포기를 안 했다. 인터넷 검색을 눈이 빠지도록 했다. '온라인의 건물주' 한번 도전해보고 싶다는 생각이 들었다.

지금 코로나19의 현실은 나의 잘못이 아니다. 주위 모든 사람이 이 말을 하는 것 같다. "괜찮아, 너만 그러는 게 아니야." 힘들다고 해도 괜찮다는 것 같다. 많은 사람이 겪고 있어 위로받을 곳이 있다는 것이기도 하다.

언제부터인가 소리 내어 울지 않았다. 사람들 속에서 울기엔 너무 무서운 공간이었다. 참아야 한다는 생각을 많이 했다. 그리고 가면을 쓰고 살며 벗는 것에 두려움을 가지고 살았다. 눈물 흘리는 것보다 눈물을 닦는 게 더 익숙한 나였다. 세상을 사는 게 아니라 버티는 것 같은 느낌이었다. "힘내"라는 말 한마디로 툭 던져버리는 말은 가끔 미웠다. 지금 어쩌면 힘들다고 말해도, 그리고 괜찮은 척하지 않아도 될 것 같다는 생각이 든다.

위기에 닥친 사람들이 많다. 매일 긴장하고 두려운 마음들로 살고 있다. 무너지는 마음에는 또 다른 마음이 있다. 내 안에 억울함과 동시에 열정이 있다. 불편한 마음이다. 하지만 가만히 손 놓고 있을 수만은 없다. 생각을 부지런히 했다. 생각하기만 하면 안 되는 현실이다. 행동으로 바로 시작해야 했다.

온라인 건물주 이야기는 새로웠고, 신기했다. 시간이 너무 빠르게 지나갔다. 블로그 공부를 시작으로 마케팅과 글 쓰는 방법, 그리고 인스타까지 배워야 할 새로운 것들로 가득 찼다. 코로나19로 인해 나는 온라인에 관심을 갖기 시작했다.

컴퓨터를 미리 알았으면 참 좋으련만 386세대인 나는 기본부터 배우기 시작했다. 모르면 손발이 고생한다는 옛말이 생각날 정도로 알아야 하는 것들이 넘쳤다. 나만 이런 모습이 아니라 그런지 비슷하게 공부하시는 분들이 매우 많았다. 사실 나는 학창 시절엔 공부를 하지 않았다. 위기는 새로운 것들을 시도해볼 수 있는 시간을 억지로 준 것 같다. 갑작스럽게 다가온 위기였지만 얻는 것들이 생기기 시작했다.

블로그를 독학해보고 지인 동생에게 가르쳐주었다. A4용지에 몇 장 분량으로 정리를 해둔 덕분이다. 블로그를 이제 시작하는 초보 R이다. 나도 초보지만 몇 달에 걸쳐 공부한 것을 테스트도 해보고 싶었다. R은 감각이 있어서 금방 알아듣는다. 누군가에게 성공적으로 가르쳐주기란 쉽지가 않다는 사실을 안다. 그러나 성공 사례인 것 같다. 그 후 나는 몇 번의 블로그 하는 법을 공유해봤다. 자신감이 붙기 시작했다. 적극적인 피드백을 주고 있는 나를 발견했다.

글을 잘 쓰고 싶은 생각이 들었다. 온라인에서는 글이 중요했기 때문이다. 오랫동안 혼자 쓰는 것을 좋아는 했지만 무엇을 위해 쓰는 것을 배운다는 것은 처음이다. 그리고 또다시 글을 쓰는 법을 공부하기 시작했다. 이렇게 시작한 온라인 공부 덕분에 미친 꿈, 책 쓰기에 도전해본다. 말도 안 되는 일이지만 말도 안 되는 지금 시대가 이런 도전을 할 수 있는 계기이기도 했다.

지금 현실이 괜찮다면 거짓말일 것이다. 하지만 모든 사람이 힘들어하는 시간에 조금 더 나를 지키려면 무언가를 해야 한다는 것은 확실하다. 힘들면 힘들다고 말해도 된다. 말해도 될 것 같다. 말을 해야 살 수 있지 않을까 생각을 한다. 미친 척 시간이 있을 때 하고 싶은 것이든, 해야 하는 일이든 조금씩 해보는 것도 나쁘지 않은 것 같다.

자존심만 높고, 자존감이 낮았던 나를 바꾸기로 했다. 자존감이 바닥인 지금을 바꿔본다. 예고 없이 닥친 모든 것들로 인해 우울한 모습들과 분노의 마음들을 느꼈다. 닥친 일을 받아들인다. 그리고 나를 포기하지 않겠다고 다짐한다.

괜찮지 않더라도 주문을 한다. 밤새도록. 미친 사람처럼 보이겠지만… '괜찮아~!! 정말 괜찮아~!! 너만 그러는 게 아니니까, 나만 그러는 게 아니니까.' 한 번쯤은 꼭 안아줘야 하는 자기 마음에게 말을 했다.

포기하는 사람들이 많아지고 있는 혼돈의 시대에서 바이러스가 대 유행병이 되는 시대에 마음들을 서로 위로해주자. 모두 다 힘든 시간을 잘 버티도록 말이다.

그동안 나를 놓치고 살았다

내 안의 여러 성격들과 과감히 만났다

그렇다. "삶의 주인은 내가 되어야 한다." 이 말은 다 아는 사실이다. 지금 내가 여기 있기 때문이다. 다른 사람들이 나를 좋아하지 않는다면 그것은 그들이 문제이다. 다른 사람들이 나를 비난하면 그것 또한 그들이 문제이다. 다른 사람들이 나에게 변화해야 한다고 강요한다면 그것 또한 그들이 문제이다. 어떤 사건이 터지면 사람들은 그 사건을 각자의 관점에서 모두 다른 해석을 한다. 어떤 감정이라도 품을 수 있다. 삶은 철저하게 주관적인 경험이다. 삶에서 작동되는 마음이 무엇인지 이해해야 한다.

분노를 많이 가졌었다. 여자가 화를 내면 뭔가가 잘못되었다는 인식을 많이 한다. 좋은 사람으로 살고 싶었기에 화를 내며 살고 싶지는 않았다. 싸움하는 것도 싫어라 했다. 그러다 보니 상대방들도 얕보고, 무시해버린다. 나는 그냥 참고 지나가는 것뿐이었다.

스냅 촬영을 가는 길이었다. 3차선 도로에서 1차선으로 주행하고 있었다. 대형 할인점 앞쪽 3차선에 화물차가 있었다. 세워진 화물차를 지나가는 동안 한 차량이 1차선으로 훅 들어왔다. 깜짝 놀란 나는 클랙슨 한방을 울리고 운행을 했다.

3km를 진행하고 우회전으로 방향 지시등을 켜며 주위를 둘러봤다. 한 차량에서 남자가 창문을 열고 욕을 한 바가지 하고 있었다. 욕을 먹는 것은 나였다. 상대는 2차선 도로에서 앞쪽으로 길을 막으며 2km를 더 진행했다. 열이 받았지만 나는 2차선에서 진행하고 있었고, 상대편에서는 깐죽대면서 방해하기 시작했다. 그렇게 또 2km 진행해서 사거리에 정차했다. 그 놈이 나에게 다가와 창문을 내리라고 한다. 얼굴 표정에서 나에게 잔뜩 겁을 주고 화풀이하겠다는 심보로 다가왔다.

창문을 내리고 나는 소리쳤다. "미친 X끼! 미~친~ X끼!" 뺨을 한 대 후려치고 싶었다. 그놈은 명예훼손으로 고소한다며 사과를 요구한다. 또 '미친 X끼'라는 단어를 훅훅 입 밖으로 내뿜고 있었다. 방금 전 클랙슨 한방에 그놈은 사과를 요구하는 드라큘라로 변했다.

112에 신고한다고 상대방 남자가 말을 한다. 나는 전화기를 들고 112에 신고를 하며 우측에 있는 공간으로 차를 옮겼다.

잠시 후 지구대에서 경찰이 왔다. 경찰은 화해하라고 한다. 나는 너무 화가 났다. 경찰에게 억울하다며 소리 지르니 남자는 슬그머니 가버린다. 이 여자 만만한 여자가 아니라는 말을 하며. 경찰은 어디서 뺨을 맞고 화풀이 상대를 찾은 것 같다고 했다. 아무렇지도 않게 가버리는 남자를 보며 분노가 치밀었다. 블랙박스 없는 그 남자. 내가 여자인지 몰랐다 한다. 나는 블랙박스 메모리를 가지고 경찰서로 찾아갔다. 그놈을 보복 운전으로 신고했다.

누구보다 열심히 살고 있는데 정작 중요한 뭔가는 잘못된 방향으로 가고 있다는 느낌이 들기 시작했다. 모든 것들을 참기만 하고, 양보만 하고, 이해만 하고, 희생만 하고 이런 것들이 이제는 잘못됐다는 생각이 든다. 내가 진정 원하는 게 맞나? 당장 눈앞에서 나를 필요로 하는 일에 내 시간을 빼앗기는 게 현실이다. 나를 돌아볼 여유도 없이 살고 있었다. 가끔 우울한 생각이 들 때가 있다. 좋은 장소에만 조망권이 있는 게 아니라 했다. 사람의 생각에도 조망권이 있다는 말이다. 다른 사람의 기분에 휘둘리지 않고 내 삶을 더 멀리 보고 싶으면 생각의 조망권을 높여야 한다는 생각에 며칠을 고민했다.

책을 읽기 시작했다. 세상을 바라보는 연습부터 해야 한다는 사실을 알았다. 다양한 분야의 책을 읽어보고, 다양한 관점에서 해석해놓은 책들을 볼 때 깨닫는 연습도 하며 내 생각을 정리해보기도 한다.

생각에서 비교하며 에고에 빠져 나만의 소설을 많이 쓰고 살았다. 어떤 문제든 외부에서 찾았던 시간들이 많았다. 언제나 좋은 사람으로만 살려고 노력했다. 내 안에서 스트레스를 제조하며 살았다. 나의 감정을 무시해버렸다. 이제는 누군가 나의 경계를 침범할 때 공격적으로 변한다. 당연하다. 좋은 관계를 맺고 싶다면 건강한 경계를 지키는 게 중요했다. 경계라는 개념이 없는 사람과 벽을 세우는 사람들과는 관계를 끊었다. 나의 감정들을 놓치면 안 된다는 사실이다.

좋은 사람으로 살아간다면 행복할 줄 알았다. 풍요 속의 빈곤이다. 사람들을 많이 만나려고 했다. 소용없는 것들이다. 남을 위하는 시간으로 많이 노력했던 것 같다. 당연하다고들 생각하는 것들이 싫었다. 그래도 싫지는 않았다. 나를 위한 시간보다 남을 위한 시간이 더 행복했을 때도 있었다. 인정받기 위함에서도 좋은 사람이 되고 싶었다.

무언가를 희생하면 칭찬이 돌아온다. 하지만 당연하게 생각해버린다. 나이가 들면서 함께 놀 친구들이 많았으면 한다. 성향도 맞고, 재미도 있고, 취미도 같은 그래서 사람을 많이 만나는 것도 같다. 감정을 공유하는 것으로도 행복을 느낄 수 있기 때문이다.

생각은 변한다. 자신의 마음을 읽어내는 것도 힘이 든다. 하물며 상대방이 나의 마음을 알아주는 것은 일부분일 것이다. 허심탄회하게 말하는 것 또한 힘든 일이다. 어떤 상황인지 자세하게 설명하지 않으면 서로 현재 상황을 빈아들이기 힘들다. 오해 속에 등지는 사람들도 많을 것이다. 이유도 모른 채 멀어지고 있을 수도 있다. 서로가 그렇게 인연을 흘려버리면 잊혀지는 게 현실이다.

나는 좋은 사람이 되고 싶음에 없는 시간을 쪼개서 H양의 좋은 숙소를 구해 보려고 돌아다녔다. 제주다움을 좋아하는 사람이고, 커피를 좋아하는 사람이었고, 캠핑 문화를 좋아했던 사람이었다.

이런저런 상황에서 볼 때 중산간(中山間)쯤에 조용하고 넓은 공간으로 찾아봤다. H양이 마음에 안 들 수도 있다. 그럴 수도 있다고 생각했다. 그러나 H양은 불편하다며 환불하고 다른 곳으로 갔다. 이해한다. 하지만 환불하기 전에 나에게 미리 이야기는 해줘야 하는 게 아닌가? 하는 생각을 했다. 나를 무시한 것으로 생각했다. 펜션 주인으로부터 통보를 받았을 때는 정말 더러운 기분이었다.

K 친구에게 하소연하듯 욕을 바가지로 했다. 내 감정을 깡그리 보여주며 나의 분노한 마음을 이야기했다. K 친구는 내 감정을 이해한다고 했다. 그러나 우연히 본 H양과 낄낄거리는 K의 모습이 이해되지 않았다. 나는 인연을 잡으려고 하지는 않았다. 감정을 공유하지 못하는 인연은 불필요하다고 생각했다. 내 생각, 에고에서는 그랬다. 당시 에고는 내 감정이 무시가 되었다는 사실에만 집중이 되었다.

1년 동안 서운함으로 K양과 연락을 안 하고 지냈다. 바빠서 연락을 안 한

게 아니라, 일부러 연락을 안 한 것이다. 그 후 1년 만에 K양을 만났다. 그때의 감정을 이야기하게 된 시간이다. 서로의 관점에서 이야기할 수 있었다.

좋은 사람 콤플렉스 때문에 부담감이 크다고 항상 많이 힘든 것은 아니다. 하지만 누군가에게 분노를 느낄 정도로 살아가면 안 된다는 것이다. 우리는 한 개인으로서 자신의 삶에 책임을 지고 살아갈 뿐이다. 삶이 누구의 기대에 맞을 수도 있고, 아닐 수도 있지만, 누구의 기대를 충족하기 위해 살아가는 것은 강박일 뿐이다. 내 삶을 책임지는 것은 나의 몫이다.

우리를 짓누르는 것들, 좋은 사람, 좋은 부모, 좋은 자식, 좋은 아내, 좋은 남편, 좋은 친구, 좋은 이웃 등등 좋은 말에 우리가 저당 잡혀서 해야 하는 것들을 조금은 애쓰지 않고 살고 싶다.

살다 보면 원치 않는 상황이 생길 것이다. 또 어떤 일은 딱히 해결을 안 하고도 흘러간다. 다시 되돌릴 수 없는 일들, 과거의 실수에 현재의 발목을 잡을 수도 있다. 너무 지칠 때도 있고, 자신에게 감당하기 힘든 것들도 있고, 그런 자신을 팽개치고 싶을 때도 있고, 어떤 불행을 마주한다고 해도 충분히 슬기롭게 넘어갈 수 있는 힘을 길러야 한다.

내 안에 여러 성격들과 과감히 만났다. 가끔 나의 행동에 화들짝 놀랄 때가 있다. 내가 아니라고 부정한다. 내 안에 숨겨진 자신의 모습을 찾아보기도 했다. 아무리 소심한 사람도 대범한 면이 있고, 다혈질과 냉정함이 있다. 누구나 다양한 인격을 갖고 있으므로 감정과 나를 잘 관찰해야 한다.

여러 가지 성격을 지닌 우리들의 모습을 각각 의식하지 못할 때가 많다. 모순되는 생각을 하고 앞뒤가 안 맞는 행동을 하는 자신도 발견한다. 숨기고 싶은 나도 있지만, 밖으로 표출되고 싶은 나도 있다. 내성적이지만 외향적으로 되고 싶어 하는 마음도 있고, 내 안의 또 다른 나를 끄집어냈다. 또 다른 나를 발견하고, 내 안에 나를 통제하며, 새로운 나를 받아들이며 수많은 모습 또한 나임을 인정해야 한다.

나를 포기할 것인가, 살릴 것인가?

온몸에 힘을 주고 있는 나를 발견했다

첫 번째 사건은 2000년 첫 집을 마련하면서 세상 뿌듯함으로 인해 너무 행복했던 시간에 일어났다. 20대 초반 나는 친구들을 못 만났다. 어느 정도 경제적인 것에 여유가 생기면서 친구도 만나기 시작했다. 20대의 친구들은 꿈 많고 열정이 많은 시기였다.

R에게 고등학교 친구 A를 소개받았다. A로 인해 부동산 공부를 시작했다. 현장에서 배워가며 공부를 하기 시작했다. 그러는 동안 또 한 번의 집을 마련할 기회가 있었다. 신용이 좋아서 VIP 대출을 받아 살 수 있었다.

승승장구하던 나는 또 다른 부동산 물건으로 인해서 대출을 받게 되었다.

추가 대출이 안 될 줄 알았는데 될 수 있다는 친구의 말을 믿었다. 그때 당시 현금 1500만 원을 줬다. 현금을 받은 이후 A는 잠적했다. 경제적 파탄으로 롤러코스터가 됐다. 도미노처럼 내 집은 경매로 쓰레기가 되어버리기 시작했다.

얼마 후 A는 교통사고로 저세상으로 갔다. 나는 하나도 슬프지가 않았다. 나의 20대 청춘을 송두리째 날린 시간이었다. 정확한 지식이 없으면 이렇게 무너지는구나.

그 후 다시 재기하려고 노력했다. 2010년쯤인 것 같다. 실패하지 않을 거란 생각만 하며 가지고 있던 모든 금액과 부채를 조금 안고 사업에 투자했다. 절대 동업은 하지 말라는 선조의 말을 뼈저리게 느꼈던 시간이다. 지금도 누군가 동업을 한다면 뜯어말리고 싶다. 좋은 관계와는 상관이 없는 것이다. 너무 억울하니 죽여버리고 싶은 마음이 들었다. 사건으로 인해 경찰서에 다녀왔다. 차용증서 및 서류에 관한 모든 것들이 나에게 유리하게 되어 있으면 무엇 하겠는가? 이미 돈은 없어져 버린 것이고, 복구가 될 환경이 아니었다.

너무 많은 스트레스로 죽을 수 있다는 것도 처음 알았다. 차로 이동하는 동안 손가락 끝으로 전해져오는 전류 같은 걸 느꼈다. 스멀스멀 5분도 안 될 무렵이다. 몸에 이상 신호가 왔다. 몸이 굳어져가는 것을 느꼈다. 차량으로 이동 중이어서 근처 도로에 멈췄다. 119에 신고한 후 나는 서귀포 응급실로 갔다. 점점 얼굴 근육과 입술 혀가 굳어져간다. 공포에 싸였다. 억울함에 눈물만 주룩주룩 내렸다.

"살려면 그만 마음 내려놓으세요."

의사는 있는 힘껏 나의 가슴을 치며 말을 한다. 말을 들을 수는 있었지만 말할 수는 없었다. 온몸이 굳어가는 것을 보며 나는 이제 그만 놓아야겠단 생각을 했다.

"죽든지, 살든지."

밤새 링거를 맞으며 새벽이 돼서야 병원을 나왔다. 세워둔 차가 순간 어디에 있는지 기억이 나질 않았다. 터벅터벅 다리에 힘이 풀리면서 택시를 잡았다. 목적지를 정하지 못하고 탑승했다. 그래서 바닷가로 갔다. 차가운 바닷바람에 내 눈이 아프고, 바람에 의해 머리카락이 어지럽혀지며 떨리는 온몸에 힘을 주고 있는 나를 발견했다. 힘없이 주저앉는데 울퉁불퉁한 돌멩이에 내 엉덩이가 고통받고 있는 걸 느꼈다. 몸에 어떤 고통이 가해진 것이다. 그때 느꼈다. 다시 살고 싶은 마음이다.

정서적인 내 편이 필요했다. 하지만 어디에도 나는 마음을 둘 수가 없었다. 가장 절박하고 힘에 부치는 순간에 위로가 필요했지만, 주위에 아무도 없었다. 현실에서 도피하려고 하지 않았다. 다시 무엇을 할 수 있을까? 나는 왜 자꾸 이런 일이 반복되는가 하는 생각을 했다.

세상을 원망해봐도 알아주지 않았다. 내 말을 들어주려고도 하지 않았다. 왜 그러는지도 묻는 사람이 없었다. 세상하고 나를 차단하기 시작했다. 한 사람으로 제대로 살기 위해 알아야 할 자기감정 또한 모르고 살고 있었다.

가끔 극단적인 생각이 들 때면 정신과를 찾아갔다. 병원에서는 그냥 하고 싶은 말을 하라고만 한다. 무슨 말을 해야 하는지도 모르겠는데 하라고 한다. 잠깐의 상담으로 무엇을 얻으려 했던 게 아니었다. 그냥 내 말을 들어줄 사람이 필요했다. 눈치 보면서 병원에 다녔다. 흔히 말하는 정신과는 모든 것에 약점이 되고 있었다. 약을 먹으면 종일 두통에 시달렸다. 몽롱한 잠에 취한 기분으로….

여행을 시작했다. 호화 여행이 아니었다. 소소하지만 다른 사람들이 살아가는 것들도 궁금해지기 시작하면서 나의 주위부터 여행을 시작했다. 그리고 울어보기도 했다. 미친 척 욕해보기도 했다. 심리적으로 벼랑 끝에 있으면서도 낌새조차 보이고 싶지가 않았다. 모두가 다 그렇게 사는 것 같았다. 여행하면서 느꼈던 소소한 행복들이 조금씩 꿈을 꿀 수 있는 산소 같은 공기처럼 나에게 다가왔다.

지치고, 고민할 때 귀가에 맴도는 좋은 글들이 생각난다. 나는 늘 도전한다. 끝없이 멈추지 않는다. 두려움이 왜 없겠는가? 실패했다고 듣기 싫었기 때문에 끝까지 해보기도 하고 무모할 정도로 일을 한다.

"처음부터 잘하는 사람이 어디 있어요."

2015년 어디선가 들었던 기억이 있다. "늦었다고 생각할 때가 가장 빠르다.", "끝날 때까지 끝난 게 아니다."라는 말도 있지 않은가? 이런 말들로 나는 나를 응원했다. 그리고 살아간다. 나를 포기 안 하고 살리는 중이다.

우리는 감정이 일을 하고 있다는 것을 모른 채 살아간다. 공감은 어떤 이가 이야기할 때 중간에 끊지 않고 고개를 끄덕이며 긍정해주는 것이다. 그런데 이야기를 잘 들어주고 공감해주다가도 이야기가 길어지고 장황해지면 지칠 때도 있다. 이런 감정이 들 때 "내가 지금 이런 감정이 드는구나." 하고 나의 감정을 알아차려야 한다. 인내심에 한계에 부딪쳐서 일방적으로 쏟아낸 사람들의 이야기를 듣고 나서 집으로 돌아가면 찜찜한 생각이 든다. 나는 '상대방의 이야기에 더 공감하면 인간관계가 좋아질까?' 하는 궁금증도 있었고 '고통을 제대로 공감해주지 못하면 멀어질까?' 하는 궁금증도 있었다. 지금은 힘든 사람들에 감정을 공감하고 싶어 좀 더 깊은 공부를 하고 있다

G 친구가 있다. 나름 같이 공감한다고 생각했다. 나의 가장 힘든 시기를 함께해준 G 친구이기도 하다. 서로 가끔 힘든 이야기를 공유하면서 공감한다.

어느 날 나는 힘든 시기가 지나면서 문득 그런 생각이 들었다.

"많이 힘들었겠다. 내 말 들어주느라고."

힘든 시기에는 이런 생각을 못 했다. '당연히 친구니깐 들어주겠지? 들어줘야지?'라는 못된 생각을 했던 것 같다. 내가 힘들어하니 친구도 그냥 들어준 것 같다. 지나가는 말이 아닌 진심으로 "힘들었겠다."라는 말을 건넬 때 친구가 알아줘서 고맙다는 말을 하듯 미소 지었다. G 친구에게 나의 진심이 전해진 것 같다.

공감은 상대를 공감하는 과정에서 자기의 깊은 감정도 함께 자극되는 일이다. 상대에게 공감하다가 옛날의 감정들을 만나는 과정도 있기에 쉽지 않은 것이다. 인생의 무대 위에서 언제든 관계 사이에 흔히 나타날 수 있는 지쳐버린다는 감정이다.

분노를 그만두고 나를 위한 삶을 사는 건 쉬운 일이 아니었다. 오로지 나의 몫이라는 것을 안다. 상처를 다른 사람에게까지 전하지 않고, 내 선에서 끌어안고 갈 수 있는 힘을 길러야 한다.

나답게 사는 것을 방해하는 것은 분노의 감정이다. 분노는 과거의 덫에 갇히게 한다. 분노는 판단력을 마비시킨다. 걱정과 두려움으로 미래에 대한 문을 열기도 힘들다. 나답게 의미 있게 살아야 하는데도 말이다.

누구나 실수를 한다. 의도했든 아니든 상처를 주면서 살아간다. 용서해야지 분노에서 벗어날 수 있다는 이야기를 많이 한다. 살아가면서 불안전한 사건들과 많이 마주한다. 내 행복을 불행에 뺏기지 않기 위해 행복을 선택하며 살아야 한다. 오늘을 사는 것, 과거의 덫에서 빠져나오는 것이 중요했다.

분노에 진정 불필요한 긴장들을 줄여야 한다. 정신적 불안은 육체적 긴장 때문에 더 강하게 올 수 있다. 몸의 긴장을 풀어주기 위해 가장 먼저 나의 긍정적인 사고가 필요했다. 자세만 바꿔도 자신감이 생긴다는 말도 있다. 자신도 모르게 잘못된 습관으로 인해 자세를 취하는 경우가 대부분이다. 그리고 호흡이다. 호흡은 복식 호흡과 흉식 호흡으로 나누어진다. 일상생활에서 우리는 흉식 호흡을 많이 한다. 몸의 긴장을 많이 풀어주기 위해서는 복식 호흡이 중요하다고 한다.

『빅터 프랭클의 죽음의 수용소에서』에 나오는 말이다.

"왜 살아야 하는지 아는 사람은 그 어떤 상황도 견뎌낼 수 있다."

오늘도 내 삶의 의미를 부여잡고 살아가야 한다는 것이다. 분노와 복수를 멈추는 건 결국 나를 위한 행동이다. 나를 사랑하는 것, 나를 잃지 않는 것이 제일 중요한 것이다.

스스로 삶의 목적을 찾는 것을 이미 치료라고 한다. 요즘 코로나19로 인해 무의미함, 무기력으로 고민하는 사람들이 많다. 의미를 찾아내야 하는 시기이기도 하다. 니체의 말이다.

"나를 죽이지 못한 것은 나를 더욱더 강하게 만들 것이다."

죽을 만큼 과거의 아픈 경험도 나를 강하게 만드는 의미가 될 수 있다. 과거 좋지 않던 기억을 툴툴 털어버리고 오늘을 사는 것, 지금을 살아내야 하는 것이다.

오늘부터 행복한 사람이 되는 법을 가르쳐드립니다

억울하십니까? 제가 들어드립니다

듣는다는 것,

그것은 분명 가장 행복하고 아름다운 관계가 될 수 있는 것이다

바닥에 머물러 있는 기분을 아시는가? 세 번의 좌절로 바닥에 머물러보았다. 한 번도 아닌 세 번이나! 억울하기도 하고 내가 문제가 있는 것이라 생각했다. 그러기에 말을 더 못 한다. 억울하면 온몸이 뜨거워 말도 버벅거리고, 수화를 하듯 온몸으로 이야기하고 싶어 했다. 두통으로 인해서 머리가 부서질 것 같고, 가쁜 숨소리가 듣기 싫기도 하고, 누워 있으면 하늘이 너무 가깝다는 생각을 했다. 강제적인 휴식 기간도 필요하고, 우울하고 계획된 것들이 뒤틀려 실패한 느낌에 너 익울한 찐 눈물민 먹이네는 것밖에 할 수가 없었다.

짠 눈물을 너무 많이 먹으면 소화가 돼서 나오는 것도 짜버린다. 억울함은 우리가 먹지 말아야 한다. 억울한 일들은 말하기도 힘들다. 원래가 그렇다. 누구에게 하소연하는 자체가 벌써 스트레스로 찾아오기 때문이다. 힘들다는 말도 못 한다.

보증금 반환 소송을 진행하고 있다. 벌써 2년이 지나고 있다. 승소는 했지만, 항소가 들어와서 다시 진행하고 있다. 억울해서 진행하고 있는 것이다. 그 공간엔 나의 꿈이 들어 있었다.

스냅을 하면서 레트로 감성으로 작업하고자 H 작가의 공간에 들어갔다. 추가로 사진 작업하는 것을 가르쳐주겠다는 것을 구두로 계약을 했다. 배우는 입장이라 비싸도 들어가야 하는 것으로 생각했다. 학원 비용이라 생각하면 적당하다고 생각을 한 것이다. 한여름에 더위와 싸워가면서 나의 온 열정을 다해 공간을 예쁘게 꾸몄다.

H작가는 나의 공간에 자기 마음대로 무단 침입을 하고 있었다. 몇 번의 경고와 함께 레트로의 감성 수업은 진행되지도 않았다. 무단으로 사용하는 횟수가 늘어나서 잠금장치를 설치했다.

서류상 계약 기간으로 분란이 생기기 시작했다. 임대인이 세 번이나 바뀌었다고 들었을 때는 크게 생각을 안 했다. 모든 계약은 구두로 하면 안 되는 것을 안다. 알면서도 사람을 믿으면 이런 일이 생긴다는 것이다.

법적으로 진행하면 시간이 오래 걸린다. 그래도 진행한 이유는 내 꿈의 도전을 시작했던 곳이기도했다. 밤을 새며 손수 만들어낸 공간이기에 더 애틋한 것이었다. 그래서 마음이 더 억울하다. 열심히 했지만 억울했다.

H 작가와 계약을 하면서 고마운 생각을 했었다. 원하는 것을 할 수 있어서 행복할 것 같았다. 꿈의 힘으로 살아갈 것 같았다. 하고 싶은 일에 대해서 생각하면 늘 즐거웠다. 지금 하는 일도 즐겁지만 하고 싶은 일을 찾을 때가 더 행복한 것 같다. 나는 무엇인가 계속해서 하고 싶은 것들이 많았다. 이미 많이 배우고 있는데도 불구하고 모르는 게 너무 많다. 알아야 할 것이 너무 많다는 의미이기도 하다.

사람들은 나의 결정에 예고된 사건으로 생각하고 당연한 결과라 한다. 너무 쉽게 결정하는 것에 반감이 들었다고 했다. 이상하게 기분이 묘했다. 인정은 하지만 위로가 아니었다.

내 감정은 내가 통제해야 한다. 내 기분이 태도가 되면 안 된다. 한 번 내린 결정으로 큰 손해를 보고 되돌릴 수가 없기 때문이다. 감정이 극도로 고조될 땐 판단력이 흐려진다.

살면서 한 번도 억울하지 않은 사람이 있을까? 사람들이 한 번씩은 억울함을 호소해봤을 것 같다. 나의 성공을 함께 좋아해주며 응원해주는 사람들이 있는가 하면, 시기 질투해서 험담하는 사람들도 있다. 평소에는 무시하고 살아가지만 가끔씩 이런 억울한 일들이 생길 땐 무시할 수가 없었다.

나는 그때마다 노트에 내 감정을 적어냈다. 벽 보고 말하는 것보단 글로 저어내는 게 좋았다. 그러다 보면 어느 순간 억울한 감정들도 받아들이게 된다. 비교하며 위로해준 것들이 다 소용없음을 알았다. 비교가 아니라 공감을 해줘야 한다. 불행의 크기를 떠나 마음으로 위로해줘야 한다.

억울한 일이 생기면 누구에게든 공감을 빌기를 원했다. 하지만 공감 받는 것은 쉽지가 않다.

사회적으로 굉장히 문제가 되고 있는 사건은 보이스피싱이다. 한참 뉴스에서 나오는 것을 보며 나는 바보 같다고 말을 했던 사람이다. 어떻게 저렇게 쉽게 당할 수 있을까 하는 생각이 들었다. 흔히 자신은 당하지 않을 것이라고 호언장담을 하지만, 객관적으로 상황을 판단하지 못하게 되어 나도 피해를 봤다.

2019년의 일이다. 제주에는 신구간이라는 문화가 있다. 그 기간엔 사람들은 정신이 없다. 여기저기 사업체든 집이든 옮기는 사람들로 인해 대이동을 한다. 나 또한 가게 내부를 재정비하는 중이었다.

정신없는 틈에 전화 한 통으로 또다시 억울함이 극치에 도달했다. 그게 바로 보이스피싱이었다. 은행에서는 사고 접수 통장으로 경찰서로 가보라고 했다. 머리에 핏기가 가신다는 생각을 하게 만든 사건이다. 가까운 경찰서로 갔다. 접수하고 들은 첫마디는 기다리라고만 했다. 그해 피해자는 수백 명이었다. '어떻게 그냥 기다려~~~~!!!!' 온몸이 굳어져가는데 가만히 발만 동동 구르며, 내가 숨을 쉬고 있는지 아닌지 체크하며 먼 산 보듯 풍운 낙천사로만 있으라는 그곳은 무인도 같은 느낌이었다.

집에서 일주일을 앓아누웠다. 아무것도 안 하고, 못 먹고, 세상과 단절하고 싶은 마음뿐이었다. 어이 상실이어서 멍해진 머리에 아무것도 할 수가 없었다. 통장에 있는 전액을 털리고 나니 어이가 없었다. 나를 자책하기 시작했다.

누구에게 말할 수도 없었다. 당시 경찰도 은행도 아무도 들어주지도 않았다. 피해자들은 과연 누구에게 말을 할 수 있을까? 바보 같은 사람들이라 말을 할 자격도 없다고 생각했다.

일주일 동안 처절하게 내 몸을 혹사한 뒤 다시 나는 일어났다. 꾸역꾸역 먹었다. 어떻게 해결해야 하는지 고민했다. 이 사건은 나에게 굉장한 충격으로 남은 사건이다. 말할 곳이 없었던, 아무 말도 못 했던 지독한 마음에 독이 생겼다.

사건 이후 나는 마음이 아픈 사람들이 눈에 보이기 시작했다. 내가 마음이 아파봤기 때문에 그런 것 같다. 누군가 나에게 말을 할 때는 진심으로 들어준다. 힘들 때 잠시라도 대화하려고 몇 시간씩 이야기 나눈 시간들이 있다. 내 속에 있는 깊은 이야기까지 말 할 수 있는 분의 주위에 계시면 굉장히 좋은 것이다. 놀랄 만큼이나 이야기하고 있을 때가 있었는가?

하지만 그 반대되는 사람들도 있다. 요즘 사람들은 신조어인 답정너(답은 정해져 있고 너는 대답만 하면 돼) 스타일로 이야기하는 사람들이 대부분이다. 들어주다가 이_세 답정녀의 정해긴 답을 말한다.

"그럴 땐 이렇게 해야지. 이렇게 이렇게 해."

이렇게 말하는 사람과는 대부분 만나려 하지 않을 것이다. 나도 가끔 그런 것 같아서 생각하면서 말을 하는 편이다. 대부분 말을 아끼는 편이다. 걱정을 포장해서 위로와 격려라는 것으로 변하기 쉽기 때문이다. 미움으로 들이준다는 것이 어려운 일이기도 하다. 자꾸만 "내가 해봤는데" 하면서 답정너 스타일로 가버릴 수 있기 때문이다.

말하는 사람을 주인공으로 만들어야 한다. 상대방의 이야기를 들어주며 그 상대방이 충분히 이야기할 수 있도록 만들어줘야 한다. 그리고 궁금해하면서 들어준다. 진심으로 듣다 보면 궁금증이 생긴다. 다음 이야기를 더 듣고 싶어 하고, 당시 무슨 생각을 했었을까 하는 궁금증이 생긴다. 어느새 상대방은 주인공이 되어 대화는 더 자연스럽게 흘러간다.

그리고 나의 감정을 체크해야 한다. 감정이 피곤하고, 준비가 되지 않은 상태에서는 상대가 무슨 이야기를 하는지 잘 듣지 못한다. 들어줄 사람의 마음 또한 준비되어 있지 않으면 공감이 되지 않는다.

세상만사 사필귀정. 길고 뾰족한 바늘을 작은 호주머니에 넣고 다니면 언젠가 주머니를 뚫고 나온다. 시간의 문제일 뿐, 잘못이든 억울함이든 진실은 드러난다. 왜 이런 시련을 겪는지 평소에 나를 바라본다. 얼렁뚱땅하는 성향이 있었다. 끝까지 말을 듣지를 않고 급하게 판단하고 행동하는 게 많았다.

서로의 말을 들어주지 않고 서로가 자신이 하고 싶은 이야기만 할 때가 많았다. 상대의 말과 의도를 이해하려 하는 마음이 많아야 한다.

듣는다는 것, 그것은 분명 가장 행복하고 아름다운 관계가 될 수 있는 것이다. 어쩌면 문제를 해결하는 것보다 더 중요하다고 생각한다. 내 마음에 잠시나마 상대방이 온전히 공감을 해주면 힘이 생겼다. 잘 들어주는 것만으로도 많은 문제를 해결할 수 있는 것 같다.

내 생각은 버리고 상대의 마음을 담아 누군가와 대화를 나눔으로써 치유받은 느낌을 받은 적이 있는가? 누군가와 특별한 공감에 자기 자신을 바라본 적이 있는가? 공감은 지금 여기에 현존하며 온전히 상대와 함께 머무르는 것이다. 우리에게는 공감할 수 있는 능력이 있다. 다만 차이가 있을 뿐.

자신만의 판단과 생각이 들 수도 있다. 그럴 때는 "내가 이 사람 말을 들으면서 이러고 있구나." 이렇게 인식하며 이야기를 들어주는 훈련을 했다. 지금 여기에 우리는 항상 깨어 있어야 한다. 서로 다른 것이 나쁜 것이 아님을 알고, 편안하고 안정된 감정 공감을 받게 되면 자신의 마음을 더 잘 들여다보는 힘이 생긴다. 공감을 주고받으면 두려움이 사라지고 삶의 재미를 느낄 수 있다.

부정적인 감정에 휘말리지 마라

지금 이 순간 현재에 머물러야 한다

"됐어~! 너나 잘해~! 언제부터 그랬다고~!"

부정적으로 말하는 사람들이 주로 하는 말이다. 가까운 사람 중에서 지속적으로 부정적으로 말하는 사람들이 많은가? 아니면 부정적인 말을 많이 했는가? 사람들이 부정적인 것들을 바꾸려고 하지 않았다. 조언하지도 않는다. 불평불만이 많이 나오는 사람들과 거리를 두는 것만으로도 힘이 난다. 왠지 모르게 징징대며 말하는 사람들은 만나기가 싫다. 모든 대화에서 부정적이고 의욕이 없는 사람도 싫다. 말을 하면 할수록 나의 에너지를 뺏기는 것 같았다.

힘든 부분들로 인해 부정적인 것들이 잠시 보이는 것이라고도 생각했었다. 나도 힘들 때는 의욕이 없이 부정적일 때가 있었다. 요즘 사회 전체가 힘들지 않은 사람은 없다. 이야기하다 보면 부정적, 비판적으로만 대화가 이어져 간다. 이해는 한다. 그러나 왠지 더 편안하지가 않았다. 힘든 시기에 힘들다고 말하는 것은 나쁘지 않다. 그러나 매번 그러면 가까이하고 싶지가 않았다.

5월 말일쯤 오랜만에 W를 만났다. 긍정적 에너지를 주고받고 싶었다. 3시간 동안 커피 마시며 W는 세상과 주변 사람들에게 욕만 퍼부어 대고 있었다. 대화를 한 것뿐인데 온몸이 지친 느낌이 들었다. 시간과 돈이 아깝다는 생각이 들었다. '지금 내가 여기서 뭐 하는 짓인가?'라는 생각을 했다. 가까이하기가 싫었다. 처음으로 전화번호를 차단하는 행동을 했다.

행복한 삶 연구소에 김 교수님이 계신다. 얼굴 자체에 밝은 에너지가 많다. 아무것도 하지 않아도 함께하고 싶은 분이다. 두 사람을 만나면서 극과 극의 마음이 보였다.

생각이 현실이 된다. 부정적인 것들은 현실에 영향을 준다. 상황을 판단하지 말아야 한다. 마음이, 상황이 감정을 만들어내는 것이기 때문이다. 상황을 그냥 상황으로 받아들이지 못하면 부정적 감정으로 되는 것 같다.

부정적인 생각도 습관이 될 수 있다. 사람의 생각과 판단에는 감정이 들어가기 때문에 부정적인 상황을 객관적으로 볼 수 있어야 했다. 부정적인 것들을 만들어내는 것은 마음이 만들어내는 것이기 때문이다. 받아들이는 것은 사람에 따라서 다르기에 외부 말고 내면의 마음을 봐야 하는 이유이기도 하다.

행복한 삶 연구소에서 하는 프로그램이 있다. 생각과 나를 동일시하지 말아야 한다는 것이다. 생각하는 것들은 내가 아니다. 에고가 생기는 것이다. 알아차리기(관찰자의 입장)로 생각을 보내야 한다. 그리고 자기를 지켜봐야 한다. "나 이러고 있구나." 하고 지켜보는 것이다.

저항하지 않고 감정을 흘려보내는 연습을 했다. 다른 좋은 생각을 많이 해보기로 했다. 불을 켜면 어둠이 사라지듯이 내면의 부정적인 감정을 다스리고 싶다면 긍정의 말을 많이 해야 한다.

우리가 하는 말에서 부정적인 것들을 쉽게 접할 수 있다. 나도 모르게 부정의 생각을 할 때도 있다는 것이다. 내면에 부정적인 감정이 올 때는 상상하며 좋은 생각들을 적어봤다. 신이 인간에게 준 상상의 힘이 있다. 상상의 힘은 생각보다 쉬울 수 있다. 고정 관념들을 깨고 긍정으로 에너지를 바꿀 수 있어서 나의 감정을 긍정의 에너지로 바꾸어야 한다.

부정적인 생각들을 많이 하면 어느새인가 기분이 안 좋은 경험도 많이 했다. 부정적인 이야기를 듣다 보면 나 역시 부정적인 생각에 휩싸였다. 그러면서 많은 생각에 생각들이 판단 오류에 빠졌다.

단체에서 종종 부정적인 말들을 많이 한다. 한 사람이 나쁜 이야기를 하면 듣고 있던 사람들도 부정적인 생각과 행동에 빠진다. 전파력도 빠르다. 코로나19로 인해 힘든 것은 당연하다. 폐업하면서 다른 사람들이 부정적인 말들을 많이 했다. 속이 타들어갔다. 만나면 늘 부정적으로만 위로했다. 어느 순간 만나고 싶지 않았다. 한숨만 듣다 보면 나도 어느 순간 한숨을 쉬고 있었다. 이런 일들이 겹치면 내 생각 정리들이 어지러워져버린다.

'지금, 이 순간 현재'에서 머물러야 한다. 언제나 나의 곁에 있지만, 오락가락 지금을 생각하지 않는다. 과거나 미래에 가버리기에 지금이 없는 것이다. 인식하지 못하는 지금, 이 순간을 내 곁에 함께 해야만 하는 것을 알아야 한다.

행복한 삶 연구소에서 명상했다. 처음 명상을 시작할 때는 명상이 무엇인지도 몰랐다. 눈을 감고 나를 지켜보라 했다. 눈을 감고 나의 호흡을 먼저 느껴봤다. 처음에는 앝은 호흡이었다. 조금 지나면서 어깨를 움직일만큼 크게 호흡하고 있었다. 오로지 나의 숨 쉬는 것만 느낄 수 있는 지금이었다. 그것도 잠시, 100개의 숫자를 채우지도 못하고 이런저런 생각들이 많이 들어온다. 그럴 때마다 다시 처음으로 나에게만 집중하는 연습을 했다.

'지금, 이 순간' 많이 듣는 이야기지만 흘려버리는 말일 수도 있다. 이 순간 단순함과 소중한 가치들을 깨닫기 위한 노력을 해야 한다.

부정적인 생각의 늪에 빠져들고 싶은 마음이 있었다. 힘들다는 핑계로 부정적인 것을 생각하면 마음이 위로됐던 때도 있었던 것 같다. 내 안에 부정적인 생각이 지속적으로 나타나는 것 같기도 하다. 이런 마음들을 알아차려야 한다. 바로 에고 마음이다. 생각에 빠져들기 시작할 때부터 에고는 부정적인 것들이 많아졌다.

'지금, 이 순간'에 그냥 존재하기 위해 노력했다. 생각이 찾아와도 다시 숨만 쉬는 나를 봤다. 금방 똑같은 생각들이 지나간다. 그러면 다시 숨을 쉰다. 숨을 어떻게 쉬는지는 중요하지 않다. 현재를 사는 도구로 인식했다. 분명 왔다 갔다 하면서 생각은 멈춰졌다. 숨을 쉬다가 졸리면 졸리는 대로 잠을 자기도 했다. 자다가 깨면 다시 생각을 멈추는 연습을 했다.

잠들기 전에 시도했다. 처음엔 5분을 넘기지 못했다. 점점 명상하다 나도 모르게 잠이 들곤 했다. 반복되는 연습을 하다 보니 부정적인 생각에서 많이 변화됐다. 숨을 들이마시고 내쉬는 것만으로도 생각을 조절할 수가 있었다. 몸이나 마음이 힘든 날일수록 명상을 했다.

부정적인 감정들에 휘말리기 시작하면 분노와 불안과 우울함이 찾아온다. 자괴감, 무기력, 외로움, 절망적인 우울함과 안절부절못하는 마음, 초조하고 두근거리는 불안 등 내 감정을 잘 해석해야 한다.

감정이 좋고 나쁘고 두 개로 나누어 판단할 문제는 아니다. 감정은 한 사람의 존재의 지금 상태를 있는 그대로 나타내기 때문이다. 모든 감정에는 이유

오늘부터 행복한 사람이 되는 법을 가르쳐드립니다

가 있고 그래서 모든 감정은 옳다.

부정적인 감정들로만 일상을 채워가는 것도 아닐 것이다. 인지하든 못 하든 자신만의 감정들로 가득 채워지게 되고, 한순간이라도 감정 없이 살아갈 수가 없기에 감정을 이해하고 알아야 한다. 하루하루 똑같지 않은 마음 상태를 인정하다 보면 불안했던 마음도 서서히 없어졌다.

모든 감정은 존중받기를 원한다. 긍정이든 부정이든 감정은 판단과 평가, 통제의 대상이 아니다. 나의 존재 상태에 대한, 내가 인식해야 할 감정들이다. 내 감정은 항상 옳다는 전제하에 나의 지금 상황에서 에고에 빠지지 않는 생각으로 지금 여기에 머물러 있어야 한다.

일상에서 수많은 감정을 만난다. 인간관계에서도 늘 좋은 감정만 가질 수도 없다. 감정 때문에 괴롭고 힘든 것들이 부정적으로 다가올 때의 두렵고 불안한 모습들 역시 당연하다는 것이다.

나의 의식에 스위치를 켜라

1cm씩만 조금씩 올려본다

미국의 인지 신경 과학자이자 의사소통 병리학자이며 청각 학자인 캐롤라인 리프 박사가 생각과 학습의 연계성을 연구하여 생각의 과학을 중심적으로 다루고 있는 책 『뇌의 스위치를 켜라』를 우연히 읽었다. 나의 고정 관념이 바뀌고, 생각의 범위가 넓어지고, 수용 능력이 향상되는 것 같다. 머릿속을 깨끗하게 정리하고 싶고, 지울 건 지우고 새로 세팅하고 싶다고 생각했다.

나는 나이 들어가고 있고, 청춘의 시간에서 실패했던 두려움 때문에 이래서 저래서 하는 핑계로 열심히는 했지만, 원망을 많이 하고 살았다. 누구나 끝없이 성장하고, 발전 가능성을 열어 두면서 도전한다. 나는 번번이 실패했다. 무언가를 선택하는 동안 뇌 속의 신경 회로가 바뀌기 때문이다.

생각으로 자신의 뇌를 수술할 수 있다고 리프 박사는 말을 했다. 마음을 새롭게 하기로 생각하고 선택할 때 우리는 뇌를 새롭게 조형한다는 말이다. 선택한 것은 우리의 DNA 속으로 들어가 특정한 유전자를 활성화하거나 잠재운다. 이러한 과정을 통해 우리의 뇌 속에 변화가 생기는 것이라고 했다. 이처럼 생각과 상상과 선택은 여러 단계의 뇌 구조와 기능을 변화시키는 요소이다.

생각하고 선택하는 동안 우리의 뇌 속 회로에 변화가 생긴다. 그러므로 우리는 자신의 뇌를 변화시키는 자신만의 의사가 될 수 있다. 선택하는 것은 두뇌와 신체에 변화를 가한다. 생각이 일종의 스위치 역할을 하는 것이다. 스위치를 올리기 전에는 그저 잠재력일 뿐이다. 결국, 자신의 운명이나 한계는 자신이 만든다는 것이다.

변화란 지속성과 끈질김을 통해 일어난다. 생각에 수시로 제동을 걸어 간섭하기 시작할 때 우리의 뇌는 물리적, 화학적, 구조적, 기능적으로 변화한다. 습관 개선과 정신 훈련만큼 우리 뇌의 스위치를 켜면 제한 없는 성장 발전은 나의 선택이 뇌에서 변화시킨다는 말이다.

코로나19로 인해 다들 넋 놓고 있는 동안 온라인을 공부하다 보니 글쓰기의 끝판인 책 쓰기가 있었다. 나부터가 현실에서는 말도 안 되는 일이라고 인식했다. 나는 머리가 나빠서, 나는 독서도 낳이 안 해봐서, 새싱에 부정적인 것들이 많아서, 이런저런 이유이다.

원하는 것을 얻는 방법은 다양하게 있지만 얻으려고도 하지 않는 것도 있다. 그중에 하나는 기적은 없다는 뜻으로 사는 것이고, 다른 하나는 마치 모든 것이 기적인 듯이 사는 것이었다. 무엇이든 할 수 있다고 믿든지 아니면 할 수 없다고 믿든지, 우주가 협력하여 그 일을 이루어지게 돕는다는 말이다.

위대한 사람들이 말한 무의식의 세계는 나의 머리로는 이해하거나 받아들이기가 힘들었다. 나의 무의식의 믿음을 확인하고 원하는 믿음으로 수정해서 갖고 싶거나 하고 싶거나 되고 싶은 것을 이루는 것을 생각하고 실천해 보고 싶었다.

지금 나의 현실에 맞지 않는 책 쓰기 도전이다. 부정적인 것들을 차단하고, 내가 선택한 것들을 위해 완전히 집중해봤다. 잠이 많던 내가 퇴근 후 잠을 안 자고 책 쓰기 수업을 들으며 하루 2시간 자면서도 싱글벙글 체력은 더 좋아지고 있는 것도 같았다. 잠을 버티며 숙제를 해내는 나를 발견했다.

쓸모없는 에너지 배분을 줄이면서 오롯이 나에 대한 잠재의식에 독서를 했고, 의식이 바뀌어가는 만큼 기적은 놀라울 정도로 생활에서 밀접하게 바뀌고 있었다. 모든 생각이 바뀌고 있었고, 잘못된 행동들을 마주하며 고치려고 애쓰는 나를 봤다. 또한, 나의 미친 꿈도 슬그머니 나타났다.

내 머릿속에는 오래전부터 부정적인 생각들과 자존감이 낮아 의식에 대해 생각을 할 수가 없었다. 우연한 계기로 인해 도전하는 책 쓰기 과정이다. 쓰고 있는 지금도 설레며 성장하고 있는 나의 모습으로 인해 행복한 생각을 한다. 내 마음의 낮은 위치에 있던 상처받은 마음들을 이제는 살펴볼 여유가 생긴다. 자존감이 낮았던 내 마음의 스위치도 켜본다. 1cm씩만 조금씩 올려본다.

스트레스를 받으면 우리의 생각은 왜 마음속에 자리 잡을까? 자기의 의식에 접촉하면 무조건 받아들이기 때문인가? 우리가 느꼈던 모든 것들이 눈으로 보고 귀로 듣는 것이기에 행복은 깨어 있는 사람에게 허락되는 것 같다.

『시크릿』을 읽고, 무엇이든 할 수 있다는 기대에 설레다가 아무런 효과가 없다고 말하는 사람들이 많았다. 어떤 사람은 나를 조울증이라고도 했다. 놓치고 있던 무언가는 무엇일까 하는 생각을 해봤다. 그것이 무엇이든 마치 다 가질 수 있다는 것처럼 생각하라고 한다. 변화를 시작하는 제일 좋은 방법은 온전히 지금에 사는 것이다. 뭐든 감사하며 살아보는 것이다. 이루어질 것이라고 믿고 있다면 되는 것이다.

한 번도 생각해보지 못한 의식이라는 말을 요즘은 많이 생각하며 책을 본다. 어렵다. 의식에 관한 책들은 접하고 싶지 않았다.

현실을 있는 그대로 보는 연습을 해야 한다. 현실을 객관적으로 인식하고 내면의 기억을 왜곡하지 말아야 한다. 좋아하는 일이 무엇인지, 무엇에 자동 반응한 상태로 화나고 강박하는지 알아야 한다. 결정 장애로 상처 주고, 우울해지는 생각과 감정을 차단해야 한다.

의식 확장은 나의 조건 반사인 것 같다. 버릇, 습관, 해석이 저장된 패턴들로 훈련받은 것처럼 나타나는 것 같다.

감정은 외적인 것이 아니다. 감정은 내면 안에 저장된 패턴이다. 나의 감정을 알아차리고 인식하고 살아야 한다.

고정된 자기만의 신념들이 있다. 이런 것들은 자기 보호만 한다. 깊이 새겨놓은 고정 관념들과 신념들이 문제이기도 하다. 세상은 어둡지도 밝지도 않기에 고정 관념을 깨는 것이 제일 힘든 일일 것이다.

또 사람들을 힘들게 만드는 것은 현실이 아닐 수도 있다. 어떤 결핍이 있으면 사람들이 조금만 결핍을 건드리면 적이 돼버린다. 사람들이 나쁜 게 아니고, 내 안에 결핍 때문에 적이 되고 힘들어하는 것이다. 결핍으로 인해 분노할 수 있다.

의식을 높이려면 현실에서 왜곡되는 것들을 알아야 한다. 명상은 있는 그대로 보는 연습이다. 잡생각이 없어지면 생각과 의식은 다르다.

평생 조종을 당해 왔는지 현실을 직시하는 것을 두려워했다. 조건 반사와 고정 관념들 때문일 수도 있다는 생각이 든다. 정직함으로 자신을 바라봤다. 숨어 있는 패턴이 있었다. 현실이 아니길 바라는 마음에 오락가락한 나의 불안한 감정으로 생각이 그야말로 서울 지하철 노선만큼이나 어지러웠다.

반복적으로 인식해야 한다. 마라톤과 비슷했다. 목적지를 설정하고 무조건 달리는 패턴의 마음이 있어야 했다. 성공한 사람들에게서 올바른 방향성 (지도)을 배운 뒤 그것을 위해 의식적인 노력을 함으로써 스위치를 누르는 힘이 생기기 시작했다. 기계적인 노력이 아닌 의식적인 노력을 할 때 나의 의식이 높아졌다.

타고난 능력은 없다. 하지만 기억하라. 행복은 긍정적인 생각과 행동이라는 사실을. 자신 안에서 에고의 마음이 생기면 스스로 지켜봐라. 자신 안에서 에고의 행위를 감지하면 웃어라. 에고는 우리의 경험으로 태어나서 판단하고 비교한다. 우리는 비교적 자신이 조금 더 낮다고 생각하기에 부족하다고 생각해버린다. 옳은 것도 아니고 잘못된 것도 아니다. 경험하는 순간에 진짜 내가 있다. 매 순간 나의 의식에 스위치를 켜고 살아야 한다.

보이는 게 전부가 아닌 세상이다

우리의 하루에 집중하면 그것만으로 충분하다

아침에 일어나면 스마트폰을 켜고 다른 사람들이 일상을 공유하는 SNS를 보는 사람이 대부분이라고 어느 방송에서 이야기하는 것을 본 적이 있다.

3년 전부터 인스타그램이라는 플랫폼이 간단하면서도 일상의 공유를 빠르게 할 수 있는 장점으로 사람들에게 인기가 있었다. 어쩜 인스타그램은 사람들이 행복을 만들어내는 곳이 되어버렸다. 소통의 도구로 쓰이는 플랫폼이 하나의 자신만의 세계를 만들 수 있는 것으로 성장하고 있다. 보이는 것에 나는 관심이 없었다. 나는 외모든 플랫폼이든 사람들에게 보이는 것에 별 관심을 두고 있진 않았다.

친구 중에도 조금 더 예쁜 친구가 있다. 뽀얗고 여린 친구가 잔뜩 화가 난 모습으로 집으로 찾아왔다. 찬물을 벌컥벌컥 마신다. 요조숙녀처럼 한껏 멋을 내고 물을 마시는 친구를 보며 피식 웃음이 났다. 아무리 여름이라지만 차가운 물을 벌컥벌컥, 며칠 물을 못 마신 사람처럼 마신다. 잠시 후 분노가 안 떨어졌는지 큰 눈에 힘을 줘가면서 진정을 하려는 모습을 볼 수가 있었다. 거침없는 욕설의 입담에 나는 가만히 들어줬다. 10분 후 조금 안정이 된 모습으로 이야기했다.

친하지 않았던 사람이 문자로 욕을 했다는 것이다. 문자 내용은 이랬다.

"나이 들어서 이쁜 척하면 이쁜 줄 아나, 꼴값"

친구 계정의 사진들을 봤다. 일주일에 한 번 정도 예쁜 음식점에 가서 예쁘게 먹는 영상과 사진이었다. 대부분 럭셔리한 곳을 주로 올린 것이다. 나는 어떤 누구의 생활 방식에 특별한 관심을 두지 않는 성향이다. 친구의 사진들이 일상의 사진들이라 생각했다. 일주일에 한 번, 가장 예쁜 옷을 입고 자기만의 취미 생활을 하는 친구로만 생각했다. 하지만 그 사진들을 보는 사람은 질투심이 생겼던 것 같다.

친구는 누구에게 잘 보이려고 한 것은 아니라 했다. 누군가는 볼 수 있는 것이라 그 말은 안 믿었다. 일상의 단조로움이 싫어서 시작했던 플랫폼은 자신을 과시하는 플랫폼으로 변하는 경우도 있기 때문이다.

"어디에 가면 어떤 게 좋더라." 정보를 나눌 수 있는 공간이 되어가기도 했다. 좋은 곳을 공유해주며 정보를 주는 것이 나쁜 것은 아니다. 요즘은 자기만의 취미로 인기 있는 사람들을 인플루언서라고도 하고 있지 않은가.

보이는 게 전부는 아니지만 보이는 것으로 인해 사람들은 자신들이 어떤 모습으로 보이길 바라는 것도 있을 것 같다. 보이는 것을 믿으려고 하는 습성이 있기도 했다. 눈에 보이는 것이 전부는 아니지만, 어떤 이유에서는 삶을 움직이는 에너지가 있을 수도 있다. 가끔 현실과 바꿔 살고 싶은 마음도 든다.

눈에 보이는 게 전부가 아닌데도 불구하고 우리는 왜 이런 것들을 하며 보이려 하는지, 그리고 빠져드는지 모르겠다. 겉모습으로 판단하고 보이는 것에 익숙해져 버린 것들이 많아 사람들의 욕구는 더욱더 강하게 나타난다.

어떤 마음인지 알아야 한다. 상대적 박탈감이 생기지 않도록 자신의 감정을 알아야 한다. 친구는 보이는 것에 집중하는 것일 수도 있다고 생각했다. 집구석이라는 현실에선 그냥 아줌마라는 호칭을 듣는다. 일상의 모습은 보여주기 싫어했다. 겉으로 보이는 것에 집착하는 사람들도 있기에 이해한다.

나는 겉모습에 많은 신경을 쓰지 않는 사람이었다. 멋지고 예쁘면 당연히 좋겠지만 보여주기 위해 살지는 않았다. 가끔 무시하는 시선들을 느낀다. 무시당한 적도 있었다. 그러면 나도 무시를 하면 된다고 생각했다. 보이는 게 전

오늘부터 행복한 사람이 되는 법을 가르쳐드립니다

부가 아닌데도 보이는 게 전부라고 생각하는 사람들과의 인간관계는 피곤할 수도 있다. 무엇을 보여줘야 하는지도 모르면서 사람들은 겉모습에 많은 에너지를 쓴다. 절대 나쁜 것은 아니다. 이왕이면 보이는 것이 멋지고 예쁘면 좋다. 보는 시선에도 자유로워질 것이다.

보이는 것에 크게 생각을 두지 않는 것도 어쩌면 아닐 수도 있다. 비교되는 생각을 하면 생각이 많아지기 때문이다. 감정과 비교가 사람을 힘들게 하는 것 때문에 생각 자체를 많이 하지 않는 편이다.

보이는 것이 전부가 아니라는 생각이 바뀌기 시작했다. 2019년 겨울 마지막 날 친구의 결혼식 스냅 촬영을 진행하였다. 연말 행사로 인해 피곤은 했지만, 강행했다. 결혼식이 끝나고 식사를 했다. 참석한 대부분의 사람은 그녀의 고향 친구들이었다. 어색하기도 하고 피곤하기도 했다. 식사를 마치고 피로연도 간단하게 마무리됐다.

그곳에서 친구의 지인이 초면인 나에게 말을 건넸다. "너, 너무 불쌍해 보인다."라고 말을 했다. 충격적이었다. 나름 깔끔하게 드라이하고 화장을 했지만 그렇게 보였다는 게 충격적이었다. 그런 말을 처음 보는 사람에게 한다는 자체도 이해가 되지를 않았다. 다른 결혼식 참석자 여자친구들은 화려한 복장에 화려한 보석을 하고 왔던 것 같다. 액세서리 하나 없는 내가 불쌍해 보였던 것 같다. 기분은 나빴지만, 보석을 안 하고 다닌 건 사실이었기에 무시했나. 그리고 세주집으로 돌아왔다. 가만히 생각해보니 짜증이 올라왔다. 처음으로 느꼈던 분노의 감정이었다. 가끔 무시하는 느낌은 들었지만 대놓고 나를 무시한 사람은 처음이었다.

그 길로 나는 금목걸이와 팔찌를 샀다. 그리고 타투를 손목에 그렸다. 안 하던 짓을 하니 어색하기도 했다. 고통을 참아가며 보이는 것에 맞춰 살아야 한다는 생각을 끊임없이 했다. 지금 생각은 모든 것들을 한 번쯤 도전해보는 것도 나쁘지 않은 것으로 위안을 하는지 모르겠다.

어느 단체에서는 타투에 대한 선입견으로 인해 시작하고 싶었던 것이 무너져버린 일도 있었다. 그곳에서는 타투가 보이는 것에 대해 부정적인 시선이 있었다. 같은 상황에서도 다른 생각을 하게 만드는 사람들의 판단 구조이다. 나는 전혀 그런 의도가 아닌데도 불구하고 판단하고 해석한다. 그리고 전혀 다른 의미로 공격해올 때도 많다.

무엇이 옳거나 잘못되었다는 것이 아니다. 보이는 것들이 누가 맞고 틀렸다는 것도 아니다. 사람들이 저마다 생각하는 것들이 다를 수 있기에 왜곡되게 표현되지 않게 생각을 전하는 게 제일 중요한 것 같다.

상황을 왜곡되게 보게 만드는 인지 오류는 우리들의 모습에서 자주 나타나는 현상일 것이다. 삶은 철저하게 주관적인 경험이다. 무엇이든 바람직하게 해석하면서 그것에 대해 좋은 감정을 갖게 되는 것도, 나쁘게 되는 것도 모두 나만의 감정으로 만들어지기 때문일 것 같다.

균형 있는 태도가 중요하다. 나의 문제에 스스로 충실하게 되면 남을 비판하거나 나에게 비판하는 것에 대해 단호한 태도를 하며 자기 생각을 말할 수 있는 힘을 길러야 한다.

보이는 모습만 보고 느끼는 사람들과 판단하는 사람들이 많다. 나 역시 그렇다. 사실 알고 보면 SNS에서 정지된 화면에 보이는 것과 실제로 활동하면서 보이는 모습들이 다 다를 것이다. 다른 사람들과 비교하며 조급해할 필요도 없고, 상대적 박탈감을 가질 필요도 없다. 다른 SNS를 보며 시기할 필요도 없다는 말이다. 우리의 하루에 집중하면 그것만으로 충분히 우리 모습은 멋있기 때문이다. 우리가 사는 세상은 어떤 모습인가? 이 속에서 살아가는 나는 어떤 존재인가?

사람은 보이는 대로 보며 살아간다. 보이는 것만이 다가 아니라는 사실을 깨닫지도 못할 때가 많다. 오늘이 어제 같고, 오늘이 그제 같은 날들이 있을 것이다. 열심히 하고 노력을 하지만 애를 써도 다람쥐 쳇바퀴 돌 듯 늘 똑같게만 느껴진다.

살다 보면 이해할 수 없고 도저히 이성적으로 납득할 수 없는 일들을 만나기도 한다. 자신과 주변을 상처 입히기도 하지만 눈에 보이는 것이 전부가 아닌 것들이 많다. 그러기에 이면의 숨은 메시지를 읽을 수 있는 힘을 기르고 하루하루를 잘 살아냈으면 한다.

3장.

원망과 분노에서

조금은 자유로워져라

누군가의 기대에 맞춰진 시간

오늘의 나를 돌아보는 시간을 가져야 한다

순식간에 익숙해지도록 정신없이 살았다. 지나온 세월이 후회가 안 된다면 거짓말일 것이다. 하마터면 남은 시간도 누군가의 기대에 맞춰 살아갈 뻔했다.

좋은 사람 콤플렉스와 함께 타인의 시선으로 인한 강박에서 살았다. 내가 주인이어야 할 권리가 있다는 생각을 하면서도 그냥 살아냈다. 이제부터 내가 바로 여기에서 주인이 되어야 할 나를 위해 살아낼 것이다. 어떤 일을 행할 때 언제나 먼저 나를 생각해보지 않았다. 이제부터는 나의 관점에서 맞추고 살고 싶다.

실제로 각자 자기만의 정신세계 속에서 살아가고 있을까? 얼마나 그렇게 살아내고 있을까? 궁금한 적도 많다. 주변에 일어나는 사건을 각자 나름대로 해석하며 살아가고 있을 것이다.

나의 감정을 억누르고 애쓰며 살았다. 그렇게 살아가는 것이 잘 살아가는 것이라고 생각했다. 대부분의 사람들이 그렇게 살아가는 것으로 생각했다. 나의 내면에는 온갖 감정이 있다는 것도 안다. 단지 밖으로 꺼내지 않고 살았을 뿐이다. 좋은 감정만 품어야 한다고 생각했다.

나는 중학교 때 도시로 전학을 가면서 역사 공부에 관심이 많았다. 전학온 나는 친구를 사귀고 싶었다. 키순으로 자리에 앉았다. 키가 작은 나는 언제나 앞쪽 자리였다. 짝꿍은 수학을 아주 완벽히 잘했다. 그 친구가 제일 싫어했던 수업은 역사였다. 나는 부지런히 공부하고 노트에 메모해서 그 친구에게 전해줬다. 그 당시 나는 너무 좋았던 기억이다. 친하게 지낼 수 있는 친구가 있어서 좋았고, 친구가 잘 못하는 부분을 챙겨주다 보니 나의 존재감도 있었다. 항상 그 친구는 나에게 기대를 했다. 기대를 저버리기 싫었다. 어쩌면 국사를 막 좋아했던 시기에 맞물려 재미있었던 것 같다. 지금 설민석 강사의 역사 강의를 보면 심장이 너무 뛴다.

중간고사를 봤다. 나는 점수가 굉장히 높았다. 우연히 높게 나올 리는 없다. 친구의 인정을 받기 위해서 나는 밤마다 다른 공부는 안 하고 국사만 공부했으니 말이다. 공부를 잘하지는 않았다. 하지만 좋아하는 역사 공부는 했다.

친구를 위해서 했어야만 했던 시간도 있다. 그러나 교무실로 불려갔다. 아직도 기억난다. 나에게 혼을 냈던 사람, 선생이라고 불리는 그 아줌마에게 처음으로 증오의 감정을 표현했다. 나의 감정 표현은 시험지를 찢어버리는 것뿐이었다.

첫 시험에 커닝의 오해를 안고 도시로 전학을 온 시골 중학생이 적응하기엔 모든 것들이 힘들었다. 말을 하고 싶지가 않았다. 얼굴에 여드름이 나기 시작하면서 얼굴에 상처를 내는 버릇이 생겼다. 얼굴에 딱지를 떼고 피가 나는 것으로 분노를 풀어낸 것 같다. 어디에 마음 둘 곳이 없었던 나의 사춘기 시절이다. 나는 미운 오리 새끼처럼 하지 말라는 것만 하고 다녔다. 내가 하고 싶은 것들은 모두가 제한되고 있었다.

친구의 기대에 맞춰 지냈던 시간. 사춘기 시절 친구가 전부였다. 모든 것들을 공유했지만 친구는 나를 외면해버렸다. 나의 전부가 없어지는 느낌에 힘들었다. 타인의 시선으로 강박감이 생겨버렸다. 도와줄 거라고 믿었던 친구에게 배신을 당한 느낌이었다.

그때부터였는지 기대는 모든 요구를 들어줘야 하는 것 같았다. 상대방이 원하는 것을 공감하고 상대방에게 헌신하기를 바라는 것 같다. 누군가가 나에게 기대를 하면 신뢰를 받고 이해를 받고 공감을 받는 기분이었다. 공감은 모 아니면 도가 아닌데도 기대를 하게 되면 변질되어버린다.

친구 사이도 그렇다. 시모의 경계를 인식 못 하고, 요구했던 모든 깃을 당언하게 받아들이면 안 된다는 것을 몰랐다. 희생하고도 비난과 공격을 받을 수 있다. 관계에서의 상처는 경계에 대한 인식을 못 하거나 무시하거나 둘 중 하나로 인해 생기는 것 같다.

누구의 기대에 맞춰서 사는 것은 상대방에게 인정받기 위한 몸부림이었다. 갑을 관계에서도 자식 등 어떤 관계에도 누구의 기대에 맞춰서 지내는 것은 숨이 막힌다.

나를 소극적이고 내성적인 성격이라 생각한 것 같다. 말하기를 싫어했을 뿐 나를 표현 못 한 것은 아니었던 것 같다. 타인의 시선이 부담스러워서 전투적으로 사람들과의 교류를 싫어했던 것뿐이다.

나는 춤을 좋아했다. 춤을 추면 너무 행복했다. 학창 시절에 춤은 살아가는 이유였다. 말은 하기 싫고 춤으로만 나를 표현하고 내가 살아 있는 것처럼 느꼈다.

어른들은 춤을 추면 팔자가 세다고 말한다. 지금 부모의 나이가 80세에 가까운 분들은 거의 이런 말을 많이들 하신다. 그 시대에는 여자는 다소곳이 시집이나 잘 가는 것이 최고의 자랑거리라고 생각하는 분들이 많은 것 같다.

21살 교통사고 후 나는 할 수 있는 게 없었다. 몸도 마음도 정신적 혼란이었다. 먹고사는 게 무엇인지 돈을 벌어야 살 수 있으니 할 수 있는 일들을 찾기 시작했다. 도통 할 수 있는 것들이 제한적이었다.

건물 계단 청소를 했다. 주위에서는 어디 모자란 사람 취급하기 일쑤였다. 쉽게 집적거리는 놈팽이들도 있었다. 내가 무시하면 되레 자존심이 상했는지 펄쩍펄쩍 뛰는 토끼처럼 화를 냈다. 자기가 마냥 잘난 사람처럼 으스대고 나에게 명령하는 사람들이 많았다. 내 눈엔 껌처럼 씹어 던지고 싶은 사람으로 보였다.

그렇게 20대 초반을 청소 일을 하면서 사회의 시선으로 인해 호기심의 대상이 되고, 어떻게 살아내는지 주위 사람들의 시선으로 기대감이 컸던 시간이었다.

변호사 사무실을 청소하던 중이었다. 법무사 Q가 젊은 사람이 공부도 하고 일을 찾아야지 청소 일을 하느냐고 묻는다. 이런저런 무엇인가를 해야 한다는 강요가 시작되었다. 짜증 났다. 오지랖이라 생각하고 슬그머니 인사를 하고 지냈지만, 인사를 안 하고 싶었다.

몇 개월의 시간이 지난 후 나는 수능 공부를 시작했다. 29살 나는 19살 친구들과 함께 수험생 학원에 다녔다. 6개월을 다녔다. 그리고 대학에 들어갔다. 대학에 들어가서야 법무사 Q가 해줬던 말들이 생각났다. 감사하다고 인사를 하러 갔다. 그분은 심장마비로 세상을 떠났다고 한다.

나에게 기대하는 사람은 원래 싫었다. 의아했고 이해가 되지 않았다. 아무 상관도 없는 사람들의 말과 시선이 부모나 주위 사람들보다 더 무섭게 느껴졌다. 누군가가 나에게 낳은 기대를 하는 것도 부담스러웠다. 좋은 사람으로 상대방이 생각하는 것도 기분이 좋지가 않다. 나는 당연히 잘 참고 잘할 거라는 기대를 하는 사람들도 싫다. 왜 나에게 그런 기대를 하는지 모르겠다. 당연한 것처럼 습관적으로 나에게 기대하는 사람이 늘어가고 있었다. 당연한 것은 없는데도 말이다.

주위에서는 이런 말을 해주었다. 세월이 그렇게 지나가는 중에 내가 그렇게 만든 거라고. 누군가가 나에게 막연한 기대를 하는 것들? 내가 해줄 수 있는 것들에서 가끔 조금 더 생각하고 해주는 일밖에 없다. 그것이 인간관계에서 나에 대한 기대인 것 같다. '내가 이렇게 하면 고마워해주겠지?'란 생각이 머리에 있다 보니 내가 상대방이 기대하게끔 행동하는 패턴이 있었다.

상대방이 나를 의식할 수 있도록 내 존재감을 드러내야 할 것 같다. 상대방이 적응할 수 있도록 내 존재감을 드러냈음에도 불구하고 조건 없는 기대감으로 나에게 다가오면 내가 그 관계를 끊어내야 할 것 같다. 궁극적으로 나를 지키기 위한 것이다. 주변을 돌아보면 끊어야 하는 관계들도 의외로 많을 것이다.

누군가의 기대에 맞춰서 살았던 시간이 나쁘지는 않았다. 노력했고 기대에 맞춰 포기하지도 않았다. 그런데도 나는 누군가의 기대 때문에 살고 싶지는 않다. 남을 위한다는 핑계로 자기 인생을 외면하지 말아야 한다. 타인의 기대에 맞추거나 남 탓을 하지 말아야 한다. 자기의 중심이 명확해야 하고, 자기의 의견을 충분히 밝혀야 한다. 나의 행복을 추구해야 한다. 나의 내면이 먼저 좋은 사람이 되어야 한다. 그래야 좋은 사람을 만날 수 있다. 오늘 나를 돌아보는 시간을 가져야 한다. 스스로 열고 나가는 힘을 만들어야 한다.

원망과 분노를 회피하지 마라

이제는 담담히 마주한다

'아, 세상은 왜 나에게만 이럴까! 하느님 부처님 너무 하시는 거 아닌가요~!'

나는 왜 맨날 이러고 살아야 하는 걸까? 지금보다 더 열심히 살아야 하는가? 세상을 탓하는 것도 이제는 지친다. 결국, 기어 다니면서 세상에 욕을 해야겠지. 시간이 흐를수록 점점 수위가 높아져 간다.

"악악~!! 악악~!!"

수차례 소리를 질러도 끝내 분을 못 이겨 울어버린다. 수도 없이 소리를 지르며 살았지만 계속해서 소리를 지르면서 살 수는 없다. 나의 분노를 멈추지 못할 때는 그냥 방구석에서 찌그러져 잠만 잔다.

분노란 감정은 여러 감정 중 가장 부정적인 상태로 인식이 된 것 같다. 생기지 말아야 할 감정인 것이다. 마음속에 끓어오르는 분노하는 감정들을 볼 때 심하게 요동치며 혈압이 올라간다. 말을 할 수 없을 만큼 더듬었다. 청소년 시절엔 피부를 찢어버리고 싶은 욕구가 있었다.

욱했던 것이 나쁘다고만 할 수는 없다. 분노는 불편한 무엇인가를 표현하는 수단이기에 잘못된 것들을 좋은 쪽으로 바꾸고 싶다는 마음의 신호로도 생각할 수 있다.

스위스의 심리학자 세러와 독일의 심리학자 발 보트는 다섯 대륙 37개국 대학생 2,921명을 대상으로 감정을 느끼는 상황을 조사했다. 분노는 대부분 다른 사람에 의해서 고의로 유발된 불쾌하고 공정하지 못한 상황에서 경험하는 것으로 나왔다. 자신이 공정한 대우를 받지 못한다는 느낌이 분노를 일으키는 원인이라는 것이다.

3년 동안 집 앞 주차장에 주차를 한다. 아침 9시부터 주차요금을 받는 T아저씨가 있다. 거의 매일 보는 T아저씨와 인사도 하고 간식거리가 있으면 꼭 챙기드렸다. 나름 친하다고 생각했다. 부모님과 비슷한 나이였다. 아버지 같은 분이라고 생각해 나름 잘 챙겨드렸다. 안 보이면 '무슨 일 있나?' 걱정도 살짝 되었다.

어느 날 바쁜 일상 속 주차장이 바쁜 듯했다. 나는 잠시 기다리기로 했다. 9시가 조금 넘었기에 주차요금을 주고 가야 한다는 생각에 스마트폰으로 일정을 확인하고 있었다. 일정을 확인하다 보니 T이지씨가 왔다. 갑자기 세워진 앞 삼각대를 치우면서 나에게 욕을 했다. 어안이 벙벙했다. 차를 빼면서 백미러로 아저씨를 쳐다봤다.

나는 분이 안 풀려서 동네 한 바퀴 돌고 다시 아저씨에게로 갔다. "아저씨, 지금 저에게 욕을 하셨어요?" 그렇다고 한다. "왜요? 제가 뭘 잘못했어요? 저 모르세요?" 안다고 한다. 삼각대를 치우고 빠져나가면 될 것을, 핸드폰만 만지면서 어른이 빼기를 기다리냐고 한다. 세상에나 이렇게도 어이없게 아침부터 욕을 먹고 있다는 생각에 고래고래 나도 소리를 질렀다.

억울했다. 아예 모른 사람이면 무시하고 나도 욕을 하고 지나갔다. 아버지 같은 분이라고 이것저것 챙겨드린 마음들이 분노를 더욱더 키웠다. 좋은 감정을 가지고 믿고 의지했던 마음이라 분노는 기대 이상으로 컸다. 참고 참다가 욱하고 화를 내는 경우가 많은데 참아지지가 않았다.

사실 분노는 표현하면 할수록 강한 내성이 생긴다. 처음에는 소리만 지르지만, 점차 물건을 던지거나 폭력적으로 발전하는 가능성이 크다고 한다.

분노 앞에 나는 마주했다. 내가 나를 어떻게 해야 할지 모를 때가 너무 싫었다. 두 얼굴의 분노이다. 외적인 분노와 내적인 분노. 감정들을 풀지 못한 채 쌓아두면 마음의 병이 된다. '화병'이 되는 것이다.

분노가 생기면 우울하다. 나 자신에게 무력감을 가지게 되기 때문이다. 세상을 바라볼 때 삐뚤어진 시각이 돼버리기 전에 내 안에 분노의 감정이 생길 때는 원망과 분노를 회피하지 말아야 한다. 나 자신이 초라해 보이는 것에 대한 스트레스가 많았기 때문이다.

남들이 나를 인정해주지 않을 때, 외롭고 약속이 지켜지지 않을 때 거부당한 느낌에 분노했다. 서툰 감정을 표현하는 것의 어려움 때문에 회피하는 것에 익숙해져 버리는 것 같다.

우리가 살아가는 세상은 참 빠르고 바쁘다. 그러다 보면 내 마음을 들여다볼 시간도 다른 사람의 감정을 알아주는 시간도 부족하다. 빨리 해결해야만 모든 것들을 제대로 인식할 수 있다. 모든 것들에서 내 감정을 알아야 한다. 모든 행동에는 이유가 있다. 이유를 묻는 사람은 거의 없다. 아예 들어줄 마음이 없는 것도 어쩔 수가 없다.

10년 전 법적 싸움을 할 때였다. 서류는 다 내가 이길 거라고 했다. 서울로 서류들을 들고 다녔다. 시간과 비용이 만만치 않았다. 하지만 포기할 수가 없었다. 나의 마음에서 원망과 분노가 용암처럼 뜨거웠다.

믿고 맡겼지만, 사건은 실패했다. 실패할 수도 있다. 하지만 실패 원인은 중요했다. 준비를 제대로 해주질 않았다. 이후 이는 사람이 무서워졌다. 이는 사람을 믿는다는 건 무서운 일이다.

마음에 난 상처는 그 순간 회피하고 생각하기 싫어진다. 나의 주장을 이해하지 못한 법적 싸움이었다. 제대로 서류를 검토하지 않았기에 일어날 수 있는 일이었다.

사건은 이미 나의 원망과 분노를 넘어서 지옥으로까지 뻗고 있었다. 자격지심이나 열등감이 생기기 시작하면서 부정의 감정을 품기 시작했다.

나의 원망과 분노의 감정들을 어떻게 바라볼 것인가, 어떻게 생각할 것인가. 분노 안에 감정들의 의미를 봐야 한다. 분노는 자신의 상처다. 상처를 받은 사람은 피해를 봤다는 생각이 든다. 분노가 있는 사람들은 저만큼의 상처를 앓는 사람으로 바라봐줘야 한다는 생각도 든다.

상처를 받으면 자기를 학대하는 것이 생긴다. 자기의 질타가 있다. 분노의 감정 안에 들어 있다. 수많은 감정은 이익이 되는 감정은 없고 해가 되는 감정만 있다.

분노가 어디서부터 왔는지 알아야 한다. 분노의 감정이 억압된 것에서 벗어나지 못하면 안 된다. 억압된 것을 위해 노력해야 한다. 자기의 분노가 억압된 감정을 합리화시키는 것은 도움이 안 된다. 분노의 감정은 자기 안에서 키워 온 감정 중 하나이다. 어느 순간 끝까지 못 한 것이 성장해버리고, 표출하지 못한 것에 대해 인지 자체가 낮아진 것이다. 그래서 남들에게 표출해버리는 것이다. 분노는 정당화될 수 없다. 그래서 분노했던 시간과 마주해야 한다.

결국은 자기의 감정을 통제해야 한다. 감정을 통제하고 조절할 힘을 키워야 한다. 내가 할 수 있는 것은 생각을 제어하는 일이다. 좋은 생각을 하고 책을 통해 내 생각을 정리하며 부정적 감정을 차단하는 연습을 해야 한다.

몸을 움직일 수 있는 것은 운동이다. 부정적인 것들을 움직이게 하다 보면 벗어날 수 있다. 부정적 감정은 쌓아두면 안 된다. 스트레스 해소 방법을 터득해야 한다. 나 나름대로 행동해야 한다. 나 자신에게 보상해야 한다.

분노는 인내하고 참아야 하는 것이 아니다. 흘려보내야 한다. 내가 나를 달래주고 다스려야 한다. 나에게 감정의 장애가 있다는 것을 인정하며 치유를 해야 한다. 분노의 감정에 억압돼서 힘들게 고통스러워하며 살지 말자. 나를 다른 시각으로 바라보는 시간을 가져보았다.

감정의 주인으로 사는 법을 훈련하면서 인생의 행복이 별건가 하는 생각도 들었다. 원망과 분노를 내려놓으면서 나의 감정에 집중하고 인정하다 보면 문득 최고조에 달했던 내 인생이 송두리째 흔들렸던 시간도 이제는 담담히 마주한다.

문득문득 툭 하면 눈물이 나고, 툭 하면 서럽고 분노했다. 세상에 나 혼자만 억울한 것 같고 살아간다는 것에 외로움을 많이 느꼈다.

버티다 보면 다른 문이 열리고, 비우다 보면 다시 채워지며, 아프다 보면 면역력이 생긴다. 그게 인생의 힘이다.

이동영의 『문장의 위로』에 나온 말이다.

"분노는 다른 사람에게도 손해를 끼치지만 드러낸 당사자에게는 더 큰 손해를 끼친다."

톨스토이가 말했다. 분노는 사람에게서 올바른 판단력이나 주위에 대한 동정과 말이나 태도를 받아들이는 순수함 등을 단숨에 빼앗아가 버린다. 그리고 분노에 얽매여서 그것들을 모두 빼앗긴 사람의 행동이나 말은 다른 사람들에게 상처를 입혀 마음을 상하게 만드는 것은 물론 해야 할 일을 거부하게 만들고, 해서는 안 될 일을 굳이 하도록 하여 실질적인 손해를 끼치는 일도 있다. 대부분은 분노 때문에 잃어버린 것들이 많을 것이다.

인생에서 풀어야 할 가장 어려운 숙제

행복해지고 싶다고 말만 하고 나는 행복해지려고 노력하지 않았다

세상이 바뀌면서 나는 더 정신이 없다. 중심에 둬야 할 것들과 불안과 스트레스로 인해 버텨야 하고 지켜야 하는 것들을 생각했다. 인생에 풀어야 할 가장 어려운 숙제는 반복되는 나의 나쁜 실수를 없애는 것이다. 습관을 바꾸기란 참 쉬운 것 같으면서 어렵다. 인지하면서도 자꾸 반복된 실수들을 하며 나 자신에게 실망을 많이 했다. 그러다 보면 자존감이 바닥으로 치닫고 우울한 생각을 많이 하게 되었다. 빠르게 변화하고 싶을 때 어김없이 인지를 잘 안하는 나쁜 습관은 불안과 스트레스로 더 많이 나를 힘들게 했다. 습관은 변화할 수 있다고 생각한다. 나의 가장 어려운 숙제를 잘 풀고 싶다.

코로나19와 함께 4차 산업으로 사람들은 부지런히 무엇인가를 해내려고 많은 것들을 찾는다. 갑작스러운 상황들로 인해 정신적으로 고통을 받는 사람들이 늘어가면서 정신과를 찾는 요즘의 현실이다. 좋은 직장을 다니는 사람들도 좋은 학벌을 가졌음에도 불구하고 불안한 삶을 살고 있다. 사회 분위기가 다들 힘들어한다. 조금이라도 예측할 수 있을 때와 없을 때는 큰 차이가 있게 마련이다. 불확실성이 돼버린 요즘 상태에서 나의 상식을 뛰어넘는 기술 발전들로 인해 나는 스트레스를 받았다.

요즘 온라인에서 인기 있었던 전자책 쓰는 법을 공부했다. 처음에는 무슨 말인지 영상으로 들어도 도통 몰랐다. 컴퓨터에 익숙하지 않은 나는 머리가 터져라 하나하나 배워나가기를 몇 년째다. 앱이며 영상 편집이며 플랫폼들이 새롭고 다양하게 성장하는 것들을 보며 배우느라 진이 다 빠진다. 알아야 하는 것들이 무수히 많다. 공부를 안 하면 몇 년은 뒤쳐지는 기분이 든다. 코로나19 이후 4차 산업에 관한 두려움이 있는 것이다.

온라인 프로그램을 하기 위해 컴퓨터의 이것저것 기능을 배우면서도 금방 잊어버리고 다시 물어본다. 머릿속으로는 알 것 같은데 막상 실전에서 버벅거린다. 나의 나쁜 습관이라고 해야 하나? 제대로 안 배워서 탈이 나는 것인가? 나만의 스타일로 해석해버리고 행동하는 것에 인지는 하면서도 제대로 해석이 안 되는 이유가 많다. 지금에 집중을 해야한다는 것을 인지하면서도 얼마 못 가고, 지금에 집중을 잘 못해서 그런지 욕심만 앞서 잘하고 싶은 마음만 앞서서 그런지 매번 똑같은 실수를 반복했다.

오늘부터 행복한 사람이 되는 법을 가르쳐드립니다

책을 쓰면서 한 번도 제대로 통과한 적이 없다. 몇 번에 걸쳐 반복되는 실수를 했다. 정신을 집중하는 게 남들보다 모자란 것일까 하는 생각을 했다. 이유는 차근차근 확실히 처음부터 끝까지 인지를 안 하고 대충 훑어보는 버릇으로 인해 무시해버리는 것들이 많았음을 알았다. 바쁘다는 핑계로 대충 인지하며 나만의 방식에 끼워 넣은 것이었다. 지난 몇십 년을 나는 이렇게 인지하면서 살았다. 냉정하게 나를 지켜봤던 시간이었다. 눈물이 왈칵왈칵 서러움도 있고 외로움도 있었다. 그 이유를 대면했을 때 나의 자존감은 바닥이었다.

나는 긴장이 되면 심장이 벌렁벌렁거린다. 머릿속에 나쁜 일이 벌어질 거라는 불안의 악순환처럼 생각에 에고를 만나면서 많이 힘들어했던 시간이 있었다. 기분이 안 좋을 때 심장은 더 크고 요란하게 나의 귀를 의심할 정도로 뛰려고 한다. 누구에게 꼭 피 터지게 야단맞고 굉장히 뭔가를 잘못한 느낌에 사로잡힌다. 언제나 지금에 집중 못 하고 살았던 이유이기도 하다.

상황이 조금 나빠지면 나의 감정들이 비정상적으로 느껴졌다. 감정에 에고가 생겨버리면 잠을 못 자고 넋 놓거나 기억을 하고 싶지가 않았던 마음이 생긴다. 나만의 마음을 편안하게 할 수 있는 범위를 넓혀야 했다. 의무감에 완벽하게 하려고 하다 보니 정확하게 인지하는 일에는 약하다는 생각을 했다. 행동을 의식적으로 인지하려고 한다. 적당한 염려와 긴장은 필요하다. 하지만 지나친 걱정을 하고, 반응에 예민한 것이 싫었다. 사존삼이 바닥인 나는 두려움을 먼저 없애기로 했다. 인생은 내가 만들어가는 것이기에 내가 풀어야 할 방법도 어쩌면 다 알고 있다. 숨겨진 나를 만나 위로하며 자존감을 높여 이전과는 다른 삶을 선택할 기회가 올 것 같다.

나는 누군가의 걸어가는 모습을 보며 따라가려고만 했다. 왜 가야 하는지, 왜 가고 싶은지 이유를 모르고 그냥 잘되는 사람을 비교하며 나의 상황을 고려하지 않고, 겉으로만 괜찮은 척하고 살았다. 따라가다 보면 다 좋을 줄만 알았다. 모두 다 각자의 길을 가야 하는데도 나는 나를 놓치고 살았다.

그러다 보니 남의 시선에 강박을 느끼면서 오롯이 나의 감정에 집중을 안하면서 겉으로만 인생에서 성공하고자 하는 마음으로만 살아갔다. 나의 감정에 한 번도 집중하지 않고 무시해버리며 살아왔던 시간을 이제는 천천히 마주해보고 싶었다. 다른 사람의 속도를 억지로 따라가려고 했던 시간을 놓고 싶었다. 인지를 정확하게 하지 않았던 나의 행동에 많은 브레이크가 걸렸고, 그로 인해 잃은 것들이 많았음을 알았다.

책 쓰기 전에 나는 '퍼실리테이션'이라는 자격증을 취득하려고 했다. 내가 원하는 것은 아니었지만 필요하다고 생각했던 것 같다. 쉽지 않은 교육이라는 생각도 했다. 지역에서 하는 양성 교육이라 모집 인원 중 면접 심사를 통과하는 사람만 교육이 진행되는 것이었다. 면접에서 이런저런 이야기들을 하면서도 약간의 불편한 마음들이 있었다. 가볍지 않은 마음으로 시작했고, 그래서 그런지 처음으로 면접에서 떨어져봤다.

마음이 별로였다. 떨어질 거란 생각을 왜 안 했는지? 나의 마음에서 비웃음이 있었던 것 같다. 자세히 알지도 못하는 자격증을 취득하려는 내가 바보스러운 것이었다. 단지 남들이 하니 남들 따라서 행동했던 면접이었다.

그 후 나는 블로그를 최적화하는 데 온 힘을 쏟았다. 그러면서 글을 좋아하는 나를 발견했다. 글은 나에게 삶을 지탱하는 도구였다는 사실을 깨달았다. 온라인에서 글을 잘 써보려고 공부하다 보니 책 쓰기까지 도전하는 내가되었다.

쉽지 않은 시간이었다. 하지만 안 될 것도 없었던 절실한 마음이 있었던 것이었다. '크게 생각하고 크게 저질러라' 하는 문구 하나에 내가 이렇게 도전하며 밤샘을 통해 나와 마주하게 된 시간이 어쩌면 내 인생에 가장 행복했던 시간이 아니었나 싶다.

나를 냉정하게 판단해보며, 나의 트라우마를 스스로 인정하며 치료해보기도 하고, 글 쓰는 동안 좌절도 하는 나를 일으켜보기도 하고, 분노에서 벗어날 힘도 생기고, 제일 중요한 나의 가장 큰 단점을 내가 인정함으로 변하고싶은 마음으로 희망을 담는 것이다. 상처가 많다고 우는 나를 내버려두고 살았던 시간을 어루만져주고 있다.

용서는 나의 과거를 바꾸는 것이 아니라 미래를 바꾼다는 말을 들었다. 지금까지 나의 불안으로 인해서 주위에 많은 사람을 힘들게 한 것도 있나. 내 생각으로 나타나는 불안과 생각들은 환경에서 나타나는 것이 아니었다. 나는 나의 분노를 용서하고, 나의 환경을 탓했던 시간에서 벗어나고 싶다. 행복해지고 싶다고 말만 하고 나는 행복해지려고 노력하지 않았다.

어린 시절의 트라우마를 감추고 회피하다 보니 나를 사랑하는 방법을 모르고 살았다. 하나의 돌멩이를 가슴에 남지도 버리지도 못한 세월이었다. 스스로 겁주면서 살았던 나에게 이제는 스스로 나의 트라우마를 마주해보았다. 한 번도 마주하지 않았던 나를 토닥거려주고 어루만져주었다. 그대로의 나를 좋아하기 시작했다. 그대로의 나의 감정을 받아들이기 시작했고, 나의 마음의 복잡한 것들을 하나하나 정리를 해나가기 시작했다.

코로나19로 무너진 마음, 그리고 세 번의 판단 미숙으로 인해 힘들었던 시간을 글을 쓰면서 알게 되었다. 머릿속에서만 알고 있었던 나는 정말 내가 아니다. 행복한 삶 연구소에서 3년이란 시간 동안 지금 살아가는 방법을 연습했고, 나의 온전한 감정을 이해하는 연습을 하며, 어떤 생각을 하건, 어떤 소설을 쓰건, 어떤 상상을 하건, 어떤 행동을 하건, 깨어 자각한 상태에서 하지 않으면 언제나 결과적으로 후회하게 되는 것을 알았다. 이 순간 깨어 내면의 소리에 따라 살아야 한다는 것을 알았다.

글을 쓰면서 다시 한 번 지금의 평화롭고 행복하게 지낼 수 있는 유일한 방법을 실제로 실천하면서 나는 지금 어떤 상태인지 지금 지켜보며 알아차림을 실천하는 방법을 배웠다. '나 지금 이것이 이러고 있구나.' 지금의 자신을 지켜보며 알아차려야 하지않겠는가? 지금……. 실제로……. 그냥.

분노에서 벗어나면 무엇이 보일까?

마음에 자유가 생긴 느낌이 들었다

'C발'이라는 육두문자를 시작으로 분노를 표현하는 단어는 엄청 많다. 나는 얼마나 많은 육두문자를 알고 있을까? 그리고 써봤을까? 우리나라에 존재하는 분노를 화병이라 한다. 나는 내 안에서 아주 깊게 많은 분노로 화병을 앓고 살았다. 가끔은 아주 가까운 사람들에게 분노를 많이 표현하기도 한다. 아주 쉽고 간단하게 한다.

대부분 가족에게는 사소한 감정들로 인해 분노의 표출은 거침이 없다. 하지만 타인이나 잘 보이고 싶은 사람에게는 다른 행동으로 변하기도 한다. 먼 사람일수록 조심스럽게 말을 하고, 분노를 빠르게 표현하기도 했다. 이유는 무엇일까? 자신과 가까울수록 기대가 크다. 실수하지 않기를 바라는 마음이 있기에 기대치로 인한 분노가 컸다.

분노는 머릿속을 갉아 먹는다. 무의식적으로 화를 내기도 하고, 부정적인 것들이 복잡한 관계에 많은 에너지를 뺏기는 것 같다. 될 수 있는 한 분노는 갖지 말아야 힌다. 툭 하면 욱해서 얼굴색이 바뀌기도 히고, 심장이 두근거리기도 하는 오락가락 불만으로 감정의 기복이 많아졌다. 사람들과의 소통에서 분노는 적이 된다. 적을 만들지 않기 위해서는 분노도 내려놓아야 한다.

J양은 둘도 없는 가장 친한 친구라고 생각했다. 가장 힘든 시기에 나를 지켜준 친구이다. 그녀의 부모님 역시 나를 딸처럼 생각한다고 이야기했다. 나는 촬영을 할 때는 전화를 받지 않는다. 그래서 무음이나 진동으로 해놓고 작업을 하다 보니 일상도 벨 소리는 잘 설정하지 않는다.

어느 날 촬영 시작하기 전에 전화기 진동 소리가 100번 정도 들렸다. 은근히 신경이 쓰여서 손님에게 양해를 구하고 받았다. 다급한 목소리의 J양은 나에게 도움을 요청했다. 엄마가 넘어져서 골절돼 수술하게 되었다는 것이다. 깜짝 놀란 J양과 나는 이래저래 상의했다. 일을 마치고 병원으로 갔다. 수술해야 하는 상황이 되었다.

J양은 엄마와 함께 살지 않는다. 제주도에서 말하는 육지로 시집가서 1년에 몇 번 찾아오지를 못한다. 그러기에 나는 지나가는 길이면 친구 엄마에게 꼭 들린다. 간식과 먹을거리가 생기면 일부러 찾아가는 일도 많았다. 그래서

조금 더 깊게 가족이라는 단어를 쓰면서 친구 관계를 맺어 왔다.

　나의 일정을 지연시키면서 불편하지 않게 J양 엄마를 보살피기로 마음먹었다. 15일 정도 병원 생활의 간병인 역할을 하면서 친구가 고마워하는 것에 나도 보람을 느꼈다. 같은 병실에 계시는 분들이 정말 딸이라고 생각할 정도로 친구 대신 애쓴 것도 맞다. 그러던 중 주위에서 나의 존재를 궁금해하는 사람도 있었다. 다른 사람들에게는 가족 그리고 친척 등 많은 사람이 들락날락했었다. 하지만 J양의 엄마는 찾아오는 사람이 정해져 있었다.

　같은 병실에 90세 할머니가 있었다. 나는 병간호하는 사람이 며느리인 줄 알았다. 내가 없는 시간에 부탁할 일이 있어서 이야기하다 보니 간병인으로 일을 하는 사람이었다. 급한 일을 마무리하고 병실에 올라가보니 이웃 할머니들하고 이야기 수다에 재미있게 생활하고 계시는 게 다행이다 싶었다. 목욕을 시켜 드리고 집에 가는 길에 옆 90세 할머니 간병인 여사님이 나에게 부탁을 한다. 급하게 일 처리 때문에 옆에 할머니를 봐줄 수 있는지를 묻는다. 크게 신경 쓸 것 없는 것을 알기에 고개를 끄덕였다. 그 순간 나에게 봉투를 건네신다. 시간당 일당을 챙겨주시는 것이었다. 의아해서 갸우뚱하며 눈을 마주치면서 얼굴에 주름이 생길 정도로 눈을 크게 떴다.

"간병인 1시간 일당 금액으로 넣었어요."

"네? 무슨 말씀인지?"

"간병인 이니세요?"

나에게 반문을 한다. J양의 엄마가 나를 간병인으로 말을 했던 것을 알게 되었다. 순간 나는 너무 허망하고 분노가 생겼다. 왜인지 모르지만 지내왔던 시간 그리고 친구에 대한 우정까지 복잡한 감정이 생겼다. 왜 그렇게 말했을까? 인사도 하지 않고 그냥 병원에서 나왔다. 바보스럽고 무엇을 바라고 한 일은 아니었지만 의지했던 모든 것들이 순식간에 날아갔다. 그 순간은 미움의 강도가 커서 친구에게 바로 전화를 했다. 어떤 말을 했는지 기억조차 없다. 너무 황당한 말이라 지우고 안 들은 것으로 생각하고 싶지만, 마음에 꽂히면 오래 남고 그 마음이 힘든 건 나다. 그 시간 이후 나는 모든 것들을 무시해버리기 시작했다.

한동안 분노와 섭섭함에 말도 안 되는 행동의 시기도 있었고, 복잡한 마음은 상대가 아니고 나였다. 무엇을 바라고 한 일은 아니었지만, 나의 존재를 무시하는 것에 화가 나 있었다. 그 후 J와 나는 멀어졌다. 오랜 시간 친구로 남아 있길 원했고, 남아 있을 거라고 생각했다. 마음에 분노를 내려놓고 싶은 마음 역시 간절했다. 하지만 마음이 마음먹은 대로 되지가 않았다. 생각에서 벗어나질 못하다 보니 점점 스스로 친구에게 독을 품고 있는 나를 발견하게 되었다.

선택해야 했다. 오래된 친구를 잃는다는 것은 더 힘든 일인 것 같았다. 나의 선택에 따라 J 옆에 계속 친구로 서로 머물 것 같았다. 어떤 상황에서 벌어진 일이고, 친구하고 나의 상황이 아니었다. 내가 해결할 수 있었다. 내 생각은 내가 느끼고 행동하고 반응하는 것이기에 내 마음에 깊은 마음과 대면을 해보았다.

섭섭함이었다. 분노는 아니었다. 그러나 분노하면서 몰아세웠던 나의 감정이 있었다. 왜 그랬을까? 기대했던 것이었다. 가족처럼 친했으니깐 듣고 싶던 말 한마디가 아니고 인정 안 해주는 말에 분노하고 있던 것이었다.

생각하다 보면 이상하게 부정적으로 일단 생각을 해버리는 습관이 있는 것 같다. 나는 사랑하는 사람들과 의미 있는 것들을 생각하며 살고 싶다. 일상에서 바쁘게 살다 보면 화나고 짜증 나기도 하지만 가까운 사람들과는 아무런 분노가 없을 줄 알았다.

하지만 가까울수록 기대하는 마음이 커지다 보니 화를 내고 분노를 하는 것 같다. 피곤하고 짜증이 나면 생각 안 하고 화부터 내고 서운한 마음부터 든다. 나쁜 습관인 것은 모두 알 것이다. 하지만 지금껏 해 오던 것처럼 행동하게 된다.

분노하고 있는 상황에 이유는 있다. 그러나 마음이 오락가락할 때 분노를 표출하지 말아야 한다. 평온한 마음을 유지할 수 있을 때 감정이 사라지고 나서 말을 해야 한다. 비난하고 소리치며 공격적으로 분노를 표출하면 감정의 에고가 더 생기기 때문이다.

어떻게 해야 할까 고민을 해봤다. 의외로 간단했다. 상대방의 감성과 행동은 바꿀 수가 없다. 분노의 감정은 내가 바꿔야 한다. 다스리는 연습을 했다. 여유로운 상황들의 마음을 연습해봤다. 마음속의 스위치를 켜보는 연습이다. 꽃향기를 맡으면 기분이 좋아지고, 보면 기분 좋고 커피 마셔도 좋고. 좋아하는 것들을 찾아가면서 나를 기분 좋게 하는 것들이 무엇인지 의도적이라도 방법을 선택해봤다. 머릿속에 나쁜 기억은 9초면 사라진다. 하지만 계속 잡은 내 마음속 스위치에 따라 몇 달이 되고 몇 년이 된다. 걱정이나 분노의 불쾌함은 사라지지 않는다.

나는 만성적인 분노와 질병이 있었다. 하지만 분노에서 벗어나고 싶어졌다. 분노를 벗어나는 과정이 쉽지 않았다. 오랜 시일이 걸렸다. 분노를 내려놓으려고 애써야 했다. 분노하는 자신을 보면서 왜 이토록 화를 내는지 이유나 원인을 찾아봤다. 무엇에 분노하는지 찾아봤다.

분노가 점점 줄어들기 시작했다. 분노로 인해 적이 된 친구를 이해하려는 노력으로 만족할 수가 있었다. 부당한 느낌이나 부정적 패턴으로부터 벗어나기 시작했다.

마음에 자유가 생긴 느낌이 들었다. 여기저기 아픈 것 같은 것들도 사라지면서 건강이 좋아졌다. 트라우마였던 것을 나 스스로 용서하고 대면하게 되면서 내 마음에 편안함이 생겼다. 분노를 분출하지 못하면 모든 것들을 부정적으로만 생각하게 된다.

어떤 감정이 있어서 행동한다고 생각한다, 자기 생각과 반대되는 행동을 하는 것에 대부분 분노하고 억울한 일을 당하면 더 없이 분노한다. 분노가 있을 때 부정적 감정을 표출한다고 없어지지는 않는다. 화를 내면 화를 낸 당사자도 있고, 화가 나는 상황도 있다. 분노도 어쩜 자연스러운 감정 중의 하나일 뿐이다.

근본적으로 일시적인 것들은 문제없어도 반복적이고 상황이 바뀌지 않으면 사라지지 않는다. 반복되는 분노의 환경 자체를 바꿔봤다. 해결할 수 없는 상황도 당연히 있다. 쉽지가 않은 상황도 있다. 다만 부정적 감정을 다른 좋은 것으로 대체해야 한다. 햇빛을 쐬거나 믿는 사람들과 만나 이야기를 하는 것으로도 굉장히 안정감 있는 자신을 발견할 수 있다.

분노에서 벗어나면서부터 마음에 많은 편안함을 느꼈다. 누구의 말에도 흔들리지 않고 나의 감정에 솔직해지면서 상대방과도 솔직히 대화할 수 있었다. 상대방의 마음을 온전히 이해할 수 있는 여유가 생겼다. 나의 감정으로 상대방의 말을 해석하지 않는 노력이다.

어디서부터 시작해야 할지 모를 때

나, 불쌍하다 대신 나는 운이 좋은 사람이라고 생각했다

나는 사는 대로 생각하지 말고 생각하는 대로 살아가려고 조금씩 노력했다. 생각이 바뀌면 세상이 달라 보이고 자기 힘으로 변화를 이루겠다는 각오도 생긴다. 세심한 나의 감정을 점검하며 마음속으로 변하는 것들을 받아들이는 시간이 필요했다.

누군가를 원망하는 것은 자신의 삶이 피해를 입었다고 말하는 것이다. 누군가를 원망하는 것부터 하지 않으려고 노력했다. 새로운 선택을 해야 한다. 자신의 불행에 대한 책임은 자신에게 있다는 것을 인정하면서부터 모든 변화는 시작됐다.

몇 번의 실패에서 나는 포기하지 않았다. 하지만 굉장한 부정의 생각들이 쌓이고 쌓였다. 남 탓하는 버릇이 생기기도 했다. 핑계와 변명만 했었다. 하지만 시작하지 않으면 실패도 없는 것이다. 다시 나의 일을 정비하며 모자란 부분들을 채워나가는 것에 집중했다. 그러나 그게 어디 쉬운 일이던가? 몇 번을 포기해야 하는 현실을 스스로 긍정적으로 바꿔나가는 것만으로도 힘들었다. 언제나 다시 일어나는 오뚝이가 생각났다.

유튜브에서 화제가 되었던 오뚜기 회사의 딸 함연지가 있다. 우연히 접하게 되면서 사람들의 반응처럼 기분 좋은 에너지에 무의식적으로 웃게 되었다. 재벌가의 딸이라는 편견을 버리기 시작하였다. 재벌가는 굉장히 무게 있고, 일반 사람들하고는 다르다는 선입견을 깨버리는 영상이 많았다. 나의 생각이 바뀌기 시작했던 계기가 된 영상이었다.

할머니께 물려받은 옷들을 귀하게 여기고, 자신의 꿈을 위해 오랜 기간 기획과 노력으로 자신의 인생을 찾아가는 과정에 너무 밝은 선한 영향력의 메시지가 담겨 있었다. 처음에 인위적인 것들이 아닐까 하는 의심도 들었지만 노력하고 무엇이든 찾아보고 도전했다는 모습이 보였다. 개인적으로 아침을 시작하기 전에 꼭 그녀의 밝은 에너지를 일부러 찾아보기도 했다. 그러면서 나의 에너지도 점점 밝아지는 느낌이 들었다.

손에 넣으려면 손을 뻗지 않는 한 행복은커녕 아무것도 절대 얻을 수 없는 것은 진리이나. 이런 생각들을 접하면서 "어디서 어떻게 해야 할까?"라는 나만의 생각을 해야 했다. 시간을 마주했다. 나는 부정적인 생각들이 많았다. 햄지 영상을 보며 그녀의 따뜻하고 건강한 에너지를 수시로 받는 이유도 이 부분이었다. 사소한 일들로부터 나에게 부족한 긍정의 에너지를 가지고 있었다. 나의 삶이 문제가 아니라 나의 마음이 문제였던 것으로 인식되면서부터 삶이 바뀌기 시작했다. 삶에 내해 어면 관점을 가졌는시 재있게 살아가는 햄지의 영상에서 어디서부터 시작해야 하는지를 알았다. 나의 마음에 부정을 줄여야 한다는 사실을 알았다.

불행한 운명을 타고나는 사람은 없다. 이런 생각을 하는 것은 습관일 수도 있다는 생각을 했다. 자신이 만들어내는 에고의 함정이다. 자기에게 다가오는 것들을 부정하면서 자기 스스로 소설을 써버리는 부정적인 감정들이 어느 순간 습관처럼 생겼다. 생각하는 습관은 훈련이 되지 않으면 고쳐지지 않는다. 불행한 것들을 만들고 있는 것을 알아차렸다. 직면하고 있는 나의 문제에 나 스스로 어떤 영향을 끼치는지 현실을 알아야 했기 때문이다.

있는 그대로의 삶에 만족해야 한다. 보이는 것, 듣는 것, 만지는 것을 통해서 전해지는 모든 것들을 순순히 인정하면 된다. 자기의 가치가 비참하고 힘들 정도로 애쓰지는 말아야 했다. 날마다 새로울 수는 없기 때문이다. 발전이 더디더라도 자신의 지금을 지켜봐야 하고, 스스로 벼랑 끝에 내모는 행위를 하지 말자고 생각했다. 있는 그대로의 나로도 존재하는 가치는 충분했다. 스스로 응원하며 살아가려는 힘이 생겼다.

    사람들은 누군가 자신을 낮추면서 비하하는 것에 빠질 수 있다. 긍정적인 태도를 만들고, 자신을 희망 있는 존재로 여기면서 자기 인생을 방관해서는 안 된다는 사실을 알았다.

    '나, 불쌍하다.' 대신 나는 운이 좋은 사람이라고 생각했다. 자기 자신에게 관대하게 소소한 일에 감사하며 사는 것으로 두려움이나 불행이 완전히 없어지는 건 아니지만, 자신감이라는 감정과 싸워야 할 수도 있다. 설령 한두 번 실패하더라도 스스로 달래주는 마음이 있어야 했다.

    바꿀 수 있는 것들은 바꾸려고 노력을 당연히 해야겠지만 바꿀 수 없는 것은 스스로 천천히 인정하며 받아들이는 자신의 감정을 지켜봤다.

    우리의 힘으로 바꿀 수 있고, 다시 시작하는 힘도 만들 수 있다. 무력한 자신에게 실망하는 것을 줄여 나가보았다. 마음의 이중성을 알아냈다. 무엇이 너무 불만이고, 무겁고 힘든지 자신의 감정에 이야기하면서 알아내는 연습을 했다. 그 후 내 생각과 행동이 변화되는 모습을 느꼈다.

    자연스레 부정적인 생각들을 긍정적으로 바꾸기 시작하니 불만이 조금씩 없어졌다. 일상 생활을 할 때 에너지가 생기면서 조금 더 힘이 생겼다. 코로나19로 인해 주변 사람들은 너 나 할 것 없이 신경질적인 생활 방식으로 지내고 있다.

폐업 후 오랜만에 D양을 만났다. 얼굴이 많이 안 좋아 보였다. 나도 그렇지만 요즘 코로나19로 인해 웃고 다니는 사람은 별로 없다. 하지만 오랜만에 만난 즐거움은 있지 않은가? 그래서 힘이 될 줄 알고 만났다. 서로의 이야기와 하소연을 들어주다 보니 갑자기 에너지가 빠지기 시작했다. 누군가에 의해 내가 힘 빠지는 느낌이었다. 내 몸이 반응했다.

원래 D양과 만나면 몇 시간을 주거니 받거니 요즘 생활 방식들과 앞으로의 이야기를 하면서 서로 격려를 해주곤 했지만 내가 부정적인 이야기를 듣고 싶지 않았다. 겉으로 응원을 하면서 긍정적인 이야기로 화제를 돌리며 대화를 했다.

오랜 시간 일기장처럼 글을 써본 나는 책을 내고 싶다는 꿈을 이야기했다. 그녀도 그럴 것이 "책은 아무나 쓰나?"라는 답에 아무나는 아니더라도 하고 싶은 것이 있어서 노력하면 되지 않겠냐고 대답했다.

코로나19로 인해서 힘든데 왜 굳이 힘든 일을 자청하면서까지 일을 만들면서 살고 싶냐는 이야기를 했다. 힘들어도 무엇인가를 해야 하지 않을까 반문했다. 부정적인 그녀와 긍정적으로 바뀌려고 하는 나와 대화가 차단되기 시작했다.

말로는 좋아지고 싶다고, 변화하고 싶다고 하면서 아무것도 하지 않는 D가 답답했다. 목표를 이루지 못하더라도 말로는 지금 무엇인가를 시작하지 않으면 아무것도 안 된다는 생각은 똑같지만, 그게 되겠냐며 부정들이 섞인 말들이 얼마나 힘이 빠지는 일인지 느꼈다.

나는 절실했다. 그냥 미친 듯이 꿈을 꾸어보고 싶고, 꿈꾸는 동안 이루지 못할 것은 없다고 본다. 나도 예전에 부정적인 생각을 할 때는 쓸데없이 시간을 낭비했고 게을렀다..

이미 폐업했으니 나머지 시간도 실패할 것이라고 왜 단정을 짓는지 모르겠다. 실패했지만 두 배로 더 열심히 해야겠다는 생각으로 실패한 원인을 분석하고 다시 시작하고 싶다. 폐업했다고 끝난 게 아니다. 잠시 쉬어간다고 생각하고 지금부터 남들과는 비교할 수 없는 가속도를 붙여 달리고 싶다. 실패의 경험을 통해 조금 더 자기의 모자란 것을 파악해가며 미친 열정에 무언가를 해야 하는지를 파악하고 출발점이 다 다르기에 다시 출발점에 서 있으면 된다. 상황이 이렇게 된 것을 받아들이고, 다시 무엇을 지금 당장 할 수 있는지 생각하고 메모했다.

절박했다. 절박한 느낌에 마음으로 기억하고 꿈이 있었던 그 시점에서 다시 시작하고 싶어졌다. 나이가 많아서 포기하는 분들도 많다. 이 나이에 무엇을 할 수 있나 하며 할 수 없다는 생각들을 지배적으로 많이 한다. 정말 늦었다고 생각하는지 궁금했다.

삶의 경험이 많고 더 성숙해진 모습이다. 여전히 체력을 위해 운동을 해야 한다. 늦었다고 생각하면 뭔가 불리하다는 생각을 먼저 했다. 나이에 집착할수록 자신감도 떨어지고 의문이 많이 늘었다.

나이는 지구가 태양을 도는 횟수인데 무능력한 사람이 돼버리기 싫었다. 무엇인가 새롭게 시작할 때는 다들 불리하다는 생각을 하는 것 같다. 내가 지금 어떤 실력을 갖추고 있는가? 무엇을 할 수 있는가? 고민하고 불가능한 건 아니라는 생각을 했다.

책 쓰기에 도전하면서 나는 실력은 없지만 30년 동안 글을 쓰는 것을 좋아했던 나를 발견했다. 지금 당장 할 수 있는 것들은 글을 쓰면서 느꼈던 것들 행복했던 것들, 글이 나의 꿈을 꾸고 있다는 것이다.

나에게 약속을 했다. 지금까지 일기를 쓰듯 조금 더 꼼꼼한 글을 적어보는 것이다. 그리고 독서를 밥 먹듯 하는 것이다. 생각을 정리해보고 스스로 좋아하는 것이 무엇인지 찾아보기로 했다.

아직은 실력이 없지만 의지만 있으면 멋진 꿈을 꿀 수 있는 지금이 정말로 좋은 시대인 것 같다. 남에 대한 의식 때문에 나의 꿈을 꾸지도 못하는 것은 말이 안 된다. 외부의 의식에, 남들의 시선에 나는 너무 많은 것들을 의식하면서 살았다. 이제는 용기를 낼 수 있게 됐다. 늦은 게 중요한 게 아니라 제대로 안 하려는 게 잘못된 것이다.

남들보다 열심히 하고, 남들보다 좀 더 집중하면 내가 나이가 너무 많다고 못 할 것은 없다. 불평불만 하고 걱정이 자꾸 솟아오르면 아무것도 안 된다.

기회를 찾는다면 지금 당장 자기가 할 수 있는 것들을 찾는 노력을 해야 한다. 행동하지 않으면 실패도 없다는 말, 실패하지 않으면 고통도 없다는 말, 많은 사람이 행동하길 주저하는 이유이기도 하지만 찾는다는 것만으로도 행복해질 수 있다. 어디서부터 시작해야 할지 모를 때 자신을 먼저 사랑하고 관점이 바뀌면 모든 주변은 조금씩 행복해지는 것 같다.

나는 제대로 위로받은 적이 없다

그런 이유가 있었구나

마음이 힘든 사람들에게 하지 않아야 하는 말이 있다. 금기어라고 해도 과언은 아니다. "너의 힘든 건 별거 아니야!", "다 힘들어.", "힘내."라는 말은 위로가 되지 않았다. 듣기 싫은 말은 다 싫다는 감정일 수도 있다. 감정을 이해받기란 쉽지가 않다는 것도 알고 있다. 내 생각과 감정 변화를 느끼고 있는 그대로 받아들이고 이야기했다. 억지로 감정을 변화시키는 건 힘들다. 답답함에 이야기를 했다. 상대방이 이해는 되지만 해결 방안이라며 위안을 주는 말은 위로가 되지 않았다. 내가 부정당하는 느낌이었다. 공감을 못 받는 느낌이라서 더 힘들어졌다. 의지가 약해서 그런 것도 아닌데 의지가 약하다고 상대방들은 위로하며 힘내라 했다. 내 감정을 중요시하는 사회 분위기도 아니다. 지금 떠오르는 내 감정은 맞다. 내 마음은 내 것이라 이기적일 수 있다.

코로나19로 인해 제주도 여행이 주춤하면서 4월 2일 폐업을 결정했다. 더는 진행할 수가 없다고 판단했고, 가고자 하는 방향을 지금과는 다른 쪽으로 결정해야 했던 시기이기도 하다. 생각과는 다르게 코로나로 인해 빠른 결정을 해야 했다. 지금은 모든 사람이 힘들어하고, 위로받고 싶어 하는 마음은 다 똑같을 것이다. 빠른 결정으로 인해 스트레스가 쌓였다. 나도 절실히 위로가 필요했다.

가지고 있던 드레스와 의상을 정리하는데 문제가 있었다. 나름 좋은 것들이기에 정리해야 하는지, 가지고 있어야 하는지 판단하기가 힘들었다. 처분할 때는 가격이 내 생각과는 전혀 맞지 않아서 처분하기가 어려웠다. 보관해야 하는 비용과 처분해서 또 다른 비용으로 대체할지 고민으로 모든 것들이 스트레스로 다가왔다.

같은 업종인 R양에게 이야기했다. 업종이 같으니 무엇인가 공감하고 위로받으려고 한 것도 있지만 내 판단이 맞는가에 조금은 확신을 받고 싶어서 이야기했다. 너무 간단한 답변에 조금은 내 감정에 분노가 나타났었다. 잠을 못자면서 내 계획과 결정까지 많은 고민과 함께 지금의 상황에 약간은 불안과 분노가 함께하는 내 감정을 무시해버렸다. "너만 힘든 게 아니잖아?", "그 정도 해서 프리랜서로 전환되겠어?", "혼자 되겠어?", "중고가격을 얼마나 받으려고?", "한번 입으면 드레스는 중고가 되는 것을 몰랐어?" 등등 냉정한 현실을 나에게 각인시켜줬다. 나를 위해서 위로한다 했다. 나는 분노가 쌓이기 시작하면서 대화를 끊었다.

마음이 힘든 사람들이 섬세하다. 굉장히 조심스러워 하면서 말을 했다. 답답함이 느껴졌다. 이해는 되지만 내가 지금 느끼고 있는 감정을 부정당하는 마음이 많았다. 힘든 이야기는 하기 싫었다. 친구나 부모님에게는 부담으로 다가왔다. 위로받고 싶을 때는 가장 가까운 사람에게 말 못하는 부분들도 있다.

당사자가 느끼는 어려움은 주관적인데 객관적으로 비교할 수 없다. 심리적으로 어려울 때는 환경적인 상황은 별개였다. 말을 들어줄 사람이 없었다. 힘든 감정을 해소할 수 있는, 털어놓을 수 있는 믿을 만한 사람이 있으면 좋겠다는 생각을 했다.

위로를 받고 싶었던 나는 누군가 내 말을 들어줄 수 있는 사람이 필요했다. 그러나 한 번도 내 속마음을 말해본 적이 없는 것 같다. 상대에게 믿음이 없었기 때문에 회피를 한 것 같다. 위로가 필요하지 않은 것처럼 겉으로 힘든 감정을 표현 안 하고 살았는지도 모른다. 감정 표현이 서툰 것일 수도 있다. 표현을 해보지 않았음에 위로를 받는 방법도 모를 수도 있다는 생각을 했다.

인간관계에서 사람들은 자기를 드러내는 것을 힘들어한다. 공감을 바라면서 공감해주는 것에 익숙하지 않은 것 같기도 하다. 나는 감정을 밖으로 나타내는 것에 서툰 사람이었다. 어쩌면 모두에게 이해받으려고 애쓰고 살았다는 생각도 든다. 나의 감정에 주인이 되지 못하고, 감정을 억누르며 살아서 그런지 위로받는 것에도 서투른 것 같다.

어느 날 이야기를 하다가 깜짝 놀랄 일이 있었다. 끙끙대던 나의 무엇인가를 이야기함으로써 나는 굉장한 위로가 되었다. 무언지 모르게 눈물이 핑 돌았다. 공감받는 느낌이 이런 것인가 생각을 했다. 한 번도 이야기하지 않았던, 내가 수치심으로 느꼈던 것에 K양은 공감과 위로를 해주었다. 책을 쓰기로 마음먹으면서 나의 이야기를 풀어내야 했다. 나를 제대로 위로 안 하고 살았다는 생각이 들었다. 나의 감정을 닫기만 하고 위축되는 것에도 나는 괜찮은 척 위로 대신 무시하고 지냈다.

위로를 받고 싶어 했던 것도 있지만 말하기에 두려웠기에 이야기하지 않았다. 책 쓰기를 하면서 나의 가장 아팠던 그 기억으로 들어가면서 감정이 나왔다. 찾아온 감정은 굉장히 힘들었다. 위로받고 싶었다. 그래서 K양을 만나 이야기를 했던 것 같다.

중학교 2학년 시절 한라산의 공포와 수치심, 그리고 사람들의 시선에 대한 강박으로 인해 단체 생활을 못 한 이야기를 줄줄 풀고 있었다. 12살 한참 아래인 동생에게 나는 이야기를 하고 있었다. 겁은 났다. 이해할 수 있을까 하는 생각, 하지만 신뢰를 바탕으로 이야기를 전개해갔다.

"언니가 그래서 그랬구나."

"그런 이유가 있었구나."

"그런 감정을 가질 수 있어. 힘들었겠다."

"그때 사춘기의 언니가 참 힘들었겠네."

공감과 위로가 되었다. 이런 말 한마디로 내가 가진 수치심과 강박에서 벗어날 수 있게 되었다. 말 한마디에 이런 마음이 될 줄 몰랐다. 말을 안 했기 때문에 내가 그동안 아무에게도 공감과 위로를 받지 못했음을 알았다. 어느 순간 활력이 넘쳐나고 있었다. 뭔지 모를 에너지였다. 타인의 감정들로 인해 내가 오랜 시간 분노하고 억압받고 힘들었던 것들이 뜨거운 여름날 아이스크림이 녹을까 봐 후루룩 먹기보다는 땅땅 얼린 쭈쭈바가 풀리기를 기다리는 그 몇 분의 시간처럼 행복감은 너무나 컸다. 내가 듣고 싶었던 말들 "아~ 아~ 그랬군요. 그렇겠네, 말 들어보니 그랬겠다."로 상대방의 처지에 공감해준다. 믿을 만한 사람이 들어줄 때 말을 하게 된다는 것을 알았다.

살면서 다양한 생각과 경험을 한다. 스스로 내 생각과 감정에 확신이 없을 때가 많았다. 자신의 마음에 확신이 서야 했다. 진심으로 위로해주는 것에 마음이 녹아내린다. 공감은 마음을 위로할 수 있다. 상대의 말을 잘 들어야 한다. 왜 그렇게 힘든지?

정신과 치료를 받을 때도 바로 솔루션을 주지 않았다. 그냥 듣는다. 6개월

다녀본 적이 있다. 그냥 옆에서 이야기를 들어주는 것이었다. 지금의 나의 감정을 말할 수 있게 했다. 해결책이나 조언과 판단은 위로에 독이 된다.

상대방이 이야기하고 싶어 하는 것은 문제를 해결하는 것보다 공감해주기를 원한다. "그렇구나. 그랬구나." 진심으로 공감하면 편안함을 느꼈다.

나에게 적극적인 감정을 질문했다. 위로하는 시간에 진심으로 공감을 하기 위해 첫 단계에 잘 들어주며 어떤 감정인지 물어보는 것, 상대에게 맞춰 이야기할 수 있다는 것은 굉장한 위로가 됐다. 감정에 대한 말을 들어보면 사람들의 마음에 대한 깊이도 다르다는 것을 알 수 있다.

각자만의 방식으로 각자의 적절한 경험을 하면 "나도 그랬어."라는 말은 무미건조하게 들렸던 적도 많았다. 들어주다가 비슷한 경험이 있을 때 "나도 비슷한 공감을 나도 경험이 있어서 알 것 같아."라는 말을 한다.

누구나 느낄 수 있는 감정의 위안은 보편적인 것들에게서 위로가 된다. "언제나 너를 응원하고 지지해.", "힘들 때 함께할게." 힘들 때 "힘내."라는 말보다 지지한다는 말은 상대방과 함께한다는 것에 위안을 받을 수 있다.

생각보다 많은 사람이 위로가 필요하다. 위로의 정석, 정답이 있었으면 좋겠다. 위로를 건넬 수 있는 상황을 피하지 않아야 한다. 나는 '괜히 위로하려다 말실수하면 어떻게 하지?' '친구가 많으니까 내가 친한 게 아닐 수도 있다.'라는 생각을 하며 외면하기도 했다. 슬픈 건 말하기 힘들다. 나든 주세도 말을 돌리면서도 고통을 견디는 것은 이해받고 싶어 한다. 상처받은 사람을 무시하기보다는 상처를 나눠 가져야 한다.

진짜 속마음을 피하고 싶어 하는 사람도 있다. 언제든 말하고 싶을 때 말하라고 하지만 위로가 되지 않을 때가 많다. 그러나 극도의 고통은 조건 없는 긍정이라는 단어가 맞다는 생각을 하고 있는지 모른다.

누구나 고통에 빠졌을 때 버튼이 필요하다. 비교해서도 안 된다. 듣기 싫은 것은 다 못 받아들인다. 어려움의 정도는 철저히 주관적이다. 그러나 다들 객관적으로 수치를 정하려고 한다.

내 마음은 괜찮은가? 열 받고 상처받은 마음을 다독다독 하면서 살아야 한다. 사는 게 바빠서 다독거리지 못한 마음들이 많다. 세상사 마음먹기 나름이고 이겨낼 수 있다는 말은 위로가 되지 않는다. 의지 문제가 아닌데 의지 문제라고들 한다. 정신과 상담을 받으면서 의지 부족이 아니냐는 생각에 빠진 적이 있다. 마음의 병은 의지와 비교하면 안되는 것이다.

우리나라 문화에 유교 문화와 가부장적인 문화가 많아서 감정을 표현하는 게 쉽지가 않다. 의사 표현도 그렇고, 가족관계에서도 표현하는 것에 한계가 있다. 마음속의 분노이다. 분노를 느끼지만, 표현을 못하는 것이 많다. 누구나 떠오르는 분노가 있다. 한국문화의 질환으로 화병을 이야기할 수 있다. 몸으로 나타나는 우울증이고, 감정을 억눌러 생긴 응어리가 있다. 우울하다고 생각하고 치료를 한다는 것은 건강해지길 원하는 것이다.

어떻게든 표현하고 서툴지만 도움이 되고 싶은 생각에 내놓은 최선의 답변이 상처가 돼버릴 수 있다. 무엇인가 해야 한다는 감정이 들기 때문에 상대방 처지를 자신의 입장에서 해석하려고 한다. 그냥 "그랬구나" 하고 공감하며 들어줘야 한다.

우리는 감정 표현이 서툴러 '받아줄까?'라는 생각의 에고가 많다. 감정 표현에 대한 편견들이 있기 때문이다. 그래도 자기의 감정 표현을 잘해야 행복할 수가 있다.

게으름의 습관을 버려라

게으름은 새로운 생각을 것을 방해한다

게으른 사람에게 사실 완벽주의자가 되고 싶어 하는 심리가 있다는 사실을 얼마 전 알았다. 신중한 생각으로 결정 장애가 있다는 것, 완벽함을 높게 생각할수록 평가를 받는 것에 대한 두려움으로 게으르게 돼버린다. 지금 당장 해야 할 일을 내일로 미루는 습관의 시작이 돼버리기도 한다. 현실에서 도피하는 행위가 돼버릴 수 있다.

자신에 대한 높은 기준과 높은 성취감을 갈구했다. 나만의 결핍으로 사람에 대한 두려움이 가끔 생겼다. 다른 누군가에게 내가 어떻게 평가받는지에 대한 두려움이 있었다. 말과 눈빛에 부정적인 기운이 느껴지면 일에 대한 평가지만 자신에 대한 평가라고 생각을 했다.

두 개를 분리하기가 힘들었다. 시야가 점점 좁아져가고 있었다. 더 발전될 필요가 없다고 생각하기 때문에 만나는 사람만 만나고, 변화에는 조금 고통을 느꼈다. 대부분 반복적인 것을 좋아했다.

하지 말아야 할 생각들과 함께 많은 생각들을 끊임없이 했다. 무의식적으로 떠오르는 생각과 생각의 에고에서 나타나는 두려움으로 내가 못 할 거라는 마음이 생기면서 저항으로 일어난 게으름이었다. 회피하고 싶어서 행동을 못 하는 상황은 책임에 대한 두려움과 책임을 거부할 수가 없는 완벽주의가 만나면서 생기는 경우가 많았다. 행동을 안 하면서 나는 어떤 합의를 하고자 생각하고 있었다.

스냅 촬영 후 나는 스냅 영상 제작과 함께 스냅 북을 제작해준다. 처음 시작할 때는 배우는 것에 목적을 두고 스트레스 안 받으며 배웠다. 배운 것을 돈으로 바꾸면서부터 창작을 제작해야 할 때엔 여름도 아닌데 등에서 땀이 줄줄 흘러내렸다. 늦은 나이 40세에 영상 편집을 배우면서 하나하나가 생소하고 어려운 것들뿐이었다. 그래도 좋아하는 일이라 배우긴 했지만, 돈을 받고 제작하는 것은 너무 힘든 일이었던 때가 있었다.

이른바 업체에서 말하는 진상 손님 M군이 있었다. 섬세하게 따지고, 진행 상황을 온종일 전화기를 붙잡고 질문하는 사람으로 기억된다. 보통 평균 이상의 질문과 요구가 있으면 어느 업송이나 진상이라고 할 수도 있을 것이다.

어떤 곳에서 어떤 경우라도 도를 지나치면 진상이 되는 것이다.

M군은 섬세한 영상을 원했다. 다른 영상 제작이 소요 시간이 3시간이라면 M팀은 온종일 걸릴 것 같았다. 그리고 지인이나 본인들이 영상에 대해 지식이 있었던 사람들이었다.

처음부터 약간의 부담이 있었기에 M군을 거절했다. 다른 업체를 소개해주었고, 나는 그저 편안한 사람들과 작업을 원했다. 조금 있으니 다시 몇 번의 전화벨이 울린다. M군이었다. 나에게 촬영하고 싶다는 말에 나는 좋으면서도 덜컥 겁이 났다. 갑자기 밀려드는 인정받지 못할 것 같은 느낌 아닌 느낌을 받았다. 그게 나의 게으름의 이유를 파헤친 사건이었다.

무사히 촬영은 마쳤지만 나는 겁이 났다. 나보다 체계적으로 배운 영상팀인데 나의 영상을 평가한다는 자체가 두려웠다. 촬영하고 15일 정도면 영상과 함께 스냅 북이 만들어지는 시간이다. 시간이 다가올수록 숨이 막힌다.

평가에 대한 두려움은 일에 관한 판단이지만 나에 관한 판단으로 나의 일이 영상 하나로 결정돼버릴 것 같은 사람에 대한 두려움이 공포처럼 다가왔다. 그리고 무시하는 나의 비겁한 상황들이 벌어졌다. 누구에게 부탁할 수 있는 일도 아니었다. 나는 스스로 도망치며 게으름을 피우고 있었다. 해야 할일들을 미루고 미루며 게으름으로 변질하여 버렸다.

촬영한 지 한 달이 지나면서 전화기만 보면 가슴이 답답했다. 어떻게 말을 해야 하는지 모르겠다. 아직 시작도 안 한 편집을 그냥 돈으로 보상을 해줘야 하는지 생각을 해봤다. 몇 번의 카톡으로 진행 상황을 물어보는 것에 나는 행동을 못 한다고 말을 하지 못했다. 조금만 기다리라는 말만 되풀이하면서 시간만 흘려보냈다.

솔직할 수 있는 용기가 없었다. 비교되는 것에 대한 두려움에 나는 도망치고 있었다. 나만의 영상을 만들어주면 그만인 것을 인정을 못 받으면 자신을 쓸모없는 사람으로 나는 생각하고 있던 것이다. 주도적으로 나의 영상을 만들어내지 못하고 있던 내가 스스로 두려움에 책임을 회피하고 싶었다. 시간 낭비를 더 이상하지 말아야 하는 일이 자연스레 생기면서 문제의 영상을 만들어냈다.

나 자신에게 거짓말을 하며 버티던 게으름을 마주하며 결정하고 행동해보았다. 타인의 인정에 대한 욕망이 강하다 보니 타인이 나를 인정해주기를 바라며, 거기서 존재 가치가 결정될 정도로 극심한 두려움에 빠져서 살았다. 나의 가치를 남으로부터 찾지 않고, 나 스스로 나의 가치를 인정하고 존중하게끔 노력해보았다.

물이 너무 깊어 보여서 아예 들어가지도 못하는 것보다 물이 얼마나 깊은지 알고 들어가는 게 더 쉽다는 생각을 하며 들어갈 수 있게 되고, 거기서부터 극복하는 힘이 생기는 것이다. 미루지 않으려고 전략을 짜는 것보다 미루는 나의 근본적인 감정들을 읽어내며 마주해야 했다.

『내 시간 우선 생활습관』의 저자 닐 피오레는 말한다. 일하기 전 두려움만 조절할 수만 있다면 다시는 미루는 일 없이 일을 수월하게 끝마칠 수 있다고 했다. 그가 말하는 두려움을 조절하는 집중훈련은 고작 2분이면 충분하다고 한다. 책상에 앉아 훈련하는 것이다. 집중이란 스트레스가 있는 상태에서 최대한 현재에 집중에 재빨리 몰입 상태로 옮겨가는 2분 동안의 과정을 말한다. 패턴이 생성되어 일의 능률도 오르고 미루는 버릇도 극복할 수가 있다고 한다.

먼저 의자에 등을 똑바로 하고 앉아 발을 바닥에 딱 붙이고 손은 허벅지 위에 내려놓는다. 정신을 호흡에 집중한다. 숨을 깊게 들이마시고 잠시 멈춘 후에 다시 천천히 끝까지 내쉰다. 이 과정을 세 번 반복한다. 한 번 숨을 내쉴 때마다 바깥으로 내보내고, 지금과 다른 정신 상태로 내 마음이 옮겨간다고 상상한다. 이제 정신을 의자에 닿은 등과 엉덩이, 다리의 감각에 집중하고, 최대한 의자에 닿은 감촉을 천천히 구석구석 느껴본다. 어느 정도 감촉을 느꼈다면 발바닥에 집중하자. 머리끝에서 발끝까지 온몸의 근육에서 힘을 빼는 동안 몸 안에 남아 있는 긴장을 계속해서 바깥으로 내보낸다.
서서히 눈을 감고 천천히 깊게 세 번 숨을 들이마시고 내쉬면서 지난 일에 관한 모든 생각과 감정을 털어버리겠다고 다짐하는 것이다. 일하기 전 한 일을 머릿속에서 털어버리자. 특히 미련이 있었던 일을 모두 털어버리자. 어느 정도 생각을 비운 다음 숨을 들이마시고 잠시 멈춘 후에 다시 천천히 끝까지 내쉰다. 즉, 계획만 하고 실행하지 않는 일에 대한 마음을 비운다. 미래에 대한 걱정을 잠시 멈추고 자신이 지금 숨을 쉬고 있다는 사실에만 정신을 집중한다. 집중 훈련을 하는 루틴을 만들었다면 미루는 습관을 이겨내고 한결 수월하게 일을 끝마칠 수 있다. 이런 행동을 계속 반복하고 습관화해보면서 나도 조금씩은 일을 미루지 않게 되고, 지금에 집중하는 방법도 터득하게 되었다.

게으름은 새로운 생각을 하는 것을 방해한다. 인간은 원래 기존의 것에서 벗어나는 것에 굉장히 불편함을 느끼는 감정이 있다. 새로움은 우리에게 더 많은 생각을 하게 만들고, 더 많은 상황에 직면하게 하다 보니 기존의 틀에서 벗어나는 것을 불편해하게끔 만든다.

무엇인가 새로운 것을 시작하기 위해서는 노력을 해야 한다. 새로운 무언가를 시도하기 위해서는 착각에 빠지지 말아야 한다. 실제로는 내가 그 일을 쉽게 완수할 수 없지만, 쉽게 완수할 수 있다는 착각에 빠질 수 있다. 자기의 능력을 과신하는 상황이 될 수도 있다는 것이다.

스스로 인지할 수 있는 능력을 '메타인지'라고 한다. 아주대 김경일 교수님은 전국의 고등학생들을 대상으로 학습 능력에 대해 실험을 했었다. 0.1% 상위권 학생들이 다른 학생들보다 더 뛰어났던 것은 아이큐도 아니고, 기억력도 아니고, 잣대인지였다. 내가 얼마나 잘할지 내가 얼마나 잘못할지에 대해 확실히 알고 있나. 객관적으로 판단할 수 있게 해서 합리적으로 계획할 수 있게 도와줄 수 있다는 것이다. 세부적인 계획을 세우고 계획을 나열한다.

누군가에게 마음을 전하고 싶을 때 어떤 계획으로 어떻게 진행하고 싶은지 자기만의 계획을 세워야 한다. 소개팅을 예로 들어본다면. 언제 어디에서 몇 번째 데이트를 할 때 고백을 하겠다는 계획을 세우고, 그것이 자신의 능력에 맞는지 정확하게 판단해봐야 한다. 내가 오늘 세웠던 계획이 정말로 오늘 실천할 수 있는 계획인지, 무리한 계획을 세운 것은 아닌지, 현실에 맞는 계획을 해야 한다. 그리고 시작해야 한다. 지금 당장 여기에 있는 자신을 바라보고 약속하며 '생각에는 힘이 없어서' 행동하고 생각하면 변화를 만들어낸다.

지금 현실에 게으름을 피지 말고 일단 시작하자. 시작하는 노력을 해보자. 미루지 않고 원하는 목표를 이룰 수 있게 게으름은 저 멀리 지구 밖으로.

오늘부터 행복한 사람이 되는 법을 가르쳐드립니다

미운 오리 새끼로 빛이 난다

모습이 다르더라도 조금만 더 품어줬으면 어떻게 됐을까?

안데르센의 자전적 동화 "미운 오리 새끼"는 어릴 적 어른들에게 이야기로 들어보았거나 한 번쯤은 책으로 읽어본 이야기일 것이다. 보통 오리들과는 다르게 생겼다는 이유로 따돌림을 당했던 새끼 오리가 사실은 아름다운 백조였다는 이야기로 많은 사랑을 받은 작품이다. 유독 하나가 크고 못생겼던 알이 참 이상하다 생각했지만 다른 알들처럼 똑같이 따뜻하게 품어주려 했다. 하지만 시간이 갈수록 미운 오리 새끼는 다른 오리와 달라서 따돌림을 받고 결국 집을 떠나고 만다.

모습이 다르더라도 조금만 더 품어줬으면 어떻게 됐을까? 겉으로 보이는 모습보다는 내면의 아름다움을 봐야 한다는 생각과 함께, 현재 처한 상황에서 좌절하지 않으면 또 다른 빛으로 빛나지 않을까 하는 희망도 생각해본다.

흔히 행복과 불행은 인간관계에 있다고 생각했다. 나는 미운 오리 새끼처럼 늘 주변에서 서성대고 소외당하고 인정받지 못할까 봐 불안했다. 학창 시절에 트라우마로 인해 나는 내가 하는 행동에 비난과 불평이 쏟아지지 않게 항상 관계 속에서 좌절하고 절망하는 시간이 많았다. 당연히 외로움도 많았다. 하지만 친구들하고 어울리기 싫었고, 나 스스로 왕따로 만들어버린 것 같다.

친구들의 시선에 나는 혼자 춤을 춘다는 핑계로 주위만 빙빙 돌았다. 사람들의 관심이 강박처럼 부담스러웠던 중학교 시절이었다. 친구 없이 살아도 전혀 외롭지가 않다고 말을 하며 긍정도 해봤다가 부정도 해봤다가 오락가락하는 기분도 들었다. 이제는 미운 오리 새끼에서 벗어나 빛이 되고 싶다는 생각을 했다.

가끔 나는 SBS 〈미운 우리 새끼〉 프로그램을 찾아본다. 프로그램에 나오는 인물 중에서 이상민의 캐릭터가 나와 비슷한 점이 있다. 한때는 당대의 최고의 가수로 불렸던 그가 사업으로 인해 모든 것들이 바닥으로 침몰하면서 여기저기 이사하는 모습과 함께 빚을 갚기 위해 고군분투하는 모습으로, 어떤 사람들에게는 미운 오리 새끼지만 나는 자기만의 노력으로 다시 정상으로 가는 그의 모습이 빛이 나는 것 같다고 생각한다.

그가 보여주는 것은 절대 포기하지 않는 집념 같은 것이었다. 미운 오리 새끼처럼 푸닥거리며 날갯짓을 하고 있지만, 훨훨 날 수 있는 힘을 가진 날개가 되지 않을까 생각이 들었다.

29살에 처음으로 나름의 성공이란 마음을 가지고 살다가 몇 년 후 쓰레기가 되어버린 집을 포기하면서도 다시 일어서고 싶음에 도전하며 세 번의 판단 미숙으로 나의 꿈들로 인해 나는 미운 오리가 되어버린 것 같다. 그래도 나는 다시 일어섰다. 무너지고 무너져도 다시 일어나고 싶었다. 시간이 지나면 미운 오리 새끼도 빛날 시간이 있을 거라고 나는 믿었다. 남들과는 다른 길을 걷는다고 해도 걷고 싶었다.

소유욕으로 누구와 가까워질수록 상대방을 나의 일부분으로 여기기도 했다. 그래서 굳이 말을 안 해도 당연히 내 생각을 상대방이 알고 있을 거라고 생각했다. 내가 원하는 대로 말하고 행동하기를 바라는 욕구가 커졌다. 상대방을 소유하려고 하는 집착 때문에 인간관계가 발전하지 못했다. 그러다 보니 누군가와 어울리고 누군가의 위로를 받는다는 것은 기대할 수 없는 일로 무의식에 저장이 돼서 아주 작은 사소한 갈등이나 다툼이 있을 때 그 스트레스는 아주 크게 다가왔다. 조금이라도 관계가 불편해지면 견디지 못하고 일이 손에 잡히지 않고, 생각에 매여버려서 풀릴 때까지 갈팡질팡했다. 불편하지만 누군가의 요청을 거절할 줄 몰랐다.

'관계가 불편해지느니 차라리 내가 희생하지!'

이런 생각을 하면서 살았다. 거절당했을 때 극심하게 상처를 받아서 자존감이 바닥이었다. 상대방이 나를 어떻게 생각하는지에 지나치게 신경이 예민한 나는 좋은 사람으로 남고 싶고, 거슬리는 사람이 되지 않기 위해서 나의 의견이나 감정을 다 숨기며 살았다. 무조건 상대방을 존중하려고만 했던 학창 시절 미성숙한 나의 행동 패턴이다.

친구들이 나를 보는 시선에서 눈빛만 보고도 나를 평가받는 것 같아 다른 사람들과 관계를 맺는 것을 피하고, 자신감도 잃게 된 적도 있다. 어느 순간 불안과 걱정이 큰 사람으로 자라버렸다. 타인의 시선을 너무나 의식해가며 쩔쩔매는 소극적인 사람이 되어버렸다.

내가 경험한 세상은 미운 오리의 세상과 같았다. 스스로를 무능력하다고 부정적으로 지나치게 생각했다. 열등감과 우울감이 커지면서 대인 관계에서 위축되고 회피적인 태도를 보이게 됐다. 대인 관계에 실망하고 좌절하며 부정적인 감정을 느끼는 시간이 많았다. 그래서 혼자 외톨이처럼 지냈다.

경험으로 만들어져버린 부정적 문제를 이해하고 수용하는 태도가 있어야 한다. 부정적인 생각들을 변화시키는 것이 무엇보다 중요했다. 실현 가능한 것부터 바꿔보는 연습을 했다. 누구나 예민하고 소심한 부분이 있다. 괜히 주눅 들거나 자책할 필요는 없다. 사람들은 누구나 상처를 받는 존재인 것 같다. 사회적 존재이기 때문에 어쩔 수 없는 것 같기도 하다. 수치심과 트라우마로 인해 소속감을 못 느끼고 소외되는 경우가 많았다. 사회 구성원으로 잠재적인 분노를 차곡차곡 느끼게 된 것들을 조금씩 버리기 시작했다.

주변 사람들의 지지로 회복이 되어가면서, 같은 트라우마를 가진 사람들과 함께했다. 나의 이런 마음의 병을 고치기 위해 스스로 정신과 상담도 해보고, 직접 공부를 하기 시작했다. 회피하고 두려웠던 것들도 부딪히면서 분노하고 슬퍼하고 원망을 표출해보기도 하고 무의식에 숨기지 않고 스스로 소화를 해보려는 연습을 했다.

충분한 신뢰 관계가 있는 사람들과 이야기를 나누며, 죄책감이나 자책감을 버리는 연습도 했다. 초기에는 의미를 찾기 힘들었다. 감정을 표출해서 정화하는 게 중요했다. 억지로 의미 부여하면서 감정을 통제하지는 말아야 했다.

행복한 삶 연구소를 통해 지금 여기에 집중하는 훈련을 진행했다. 차츰 스스로 힘이 생기면서 조금씩 예전과는 다른 생각을 하고 있음에 나는 놀랐다.

하나의 사건은 그저 우리가 살아가면서 일어나는 일에 불과한 것이라는 생각을 하게 되었다. 사건을 어떻게 해석하느냐에 따라 의미도 달라지겠지만, 사건 자체에는 어떤 의미도 없다는 것을 알았다.

나 자신의 주인이 되는 것은 지금 여기에 있어야만 알 수 있다. 스스로 물어봐야 한다. 살아가는 현실에 다가오는 감정들을 잘 알아야 한다. 행복한 삶은 전적으로 자기 마음에 달려 있어서 분명히 가능하다는 것이다.

　남에게 맡겨버린 내 감정과 타인의 시선으로 인한 강박으로부터 나는 나의 감정을 찾기 시작했다. 그런데 조금 이상한 점은 나의 감정들의 반응이 조금씩 달라지고 있었다. 내 존재에 내해서 한 번도 진지하게 생각해본 적이 없었던 나는 나에게 집중하기 시작했다.

　너무 힘든 나의 감정을 처음으로 이야기했다. 땀이 줄줄 나고 눈물도 그냥 줄줄이 입속으로 꿀꺽꿀꺽 삼켜내고 있었다. 교수님과 함께 밥을 먹자는 메시지로 인해 나를 데리러 와주셨다. 정작 나의 마음이 답답함에 교수님을 뵈어도 막상 말은 나오지 않았다. 꼭 죽을 것만 같은 공포와 두려움에 말이 나오지가 않았다. 드라이브 같은 도로로 나를 태우고 식당으로 향하는 길에 저 멀리 내가 다녔던 정신과 병원이 있었다. 그때였다.

"교수님, 제가 한때 힘들어서 정신과 치료받았어요."

　이 말부터 시작해서 감정들이 오락가락한 마음이 나의 인생을 자꾸 망가트려버린다는 이야기를 하며 식당으로 갔다. 든든한 밥 한 끼 먹자는 교수님의 말씀으로 묵묵히 나의 감정을 바라봤다. 지금의 감정을 느끼라고 했다.

"샘, 지금 잘하고 계시는 거예요. 트라우마를 사건으로만 보는 눈을 키우면

될 것 같아요."

　일상의 일어날 수 있는 하나의 사건이라는 말을 듣고 멍때렸다. 질병으로만 생각했던 것을 일상의 한 사건이라고 하니 자연스럽고 이해하기 쉽게 마음에 다가왔다. 무슨 말을 들으려고 한 건 아니지만, 너무 간단하면서도 울컥한 대답에 꾸역꾸역 눈물을 흘리면서도 밥을 먹고 있었다. 지금 노력하는 나를 보면서 그렇게 감정을 보면 되고, 지금의 자신을 보는 연습을 하고 지금 여기에 살아가라는 이야기였다.

　고통을 가진 마음이 어떤지 피하지 않고 물어봐 줄 수 있는 시간이 중요했다. 이해되고 공감해줄 수 있는 그 시간이 나에게는 가장 큰 도움이 되었다. 존재 자체를 인정받는 느낌이 사람 마음을 움직였다. 그동안 움직이지 않았던 나의 마음이 움직이기 시작했다. 미운 오리 새끼가 점점 빛나고 싶은 마음이 들었다.

　조건 없이 다 수용해주는 사람에겐 안전한 느낌을 가질 수 있다. 그래야 충분히 자신의 마음을 전달할 수가 있는 것이기 때문이다. 공감받은 나의 상처를 쏟아내버렸다. 아픔이 가벼워지는 느낌이 들었다. 아파도 계속 말을 할 수가 있었다. 아프긴 하지만 회피하지 말고 대면해버린 고통 속에서 나는 공감해준 덕분으로 상처를 더 드러낼 수 있게 만들고, 제대로 드러난 상처 위에 스스로 약을 바르고 있다.

4장.

마음속의 복잡한

계산을 내려놓아라

지금에 집중해보라

나를 살피는 마음과 기술을 배움으로써 좀 더 과거보다는 나은 삶

"지금 여기에 집중하세요."

"지금 어떤 상태이신가요?"

"자각하고 계시죠?"

"깨어 있는 지금 이 순간을 내면의 소리에 따라 살면서 오늘도 행복하세요."

아침마다 카톡으로 48분의 단체 카톡방에 올리는 메시지가 있다. '행복한 삶' 프로그램을 4년 동안 다녔지만 이제야 만들어진 단체 카톡방이다. 키 특으로 하는 업무가 없고, 보이스피싱 후유증으로 알림을 무음으로 설정해두어서 단체 카톡방이 만들어진 것을 며칠 후에야 알았다.

　내 삶에서 한바탕 오랜 시간을 함께 해준 분들과 좀 더 친밀한 관계가 되었다. 아직도 멀었지만 지금 생각해보면 너무 많은 나의 변화가 시작된 곳이기도 하기에 나의 마음을 저어보고 싶었다.

　몇 년 전만 해도 지금보다 더 많은 방황으로 갈 길 잡지 못하며 우울증으로 바닥을 기고 있었던 시간이었다. 1학년 대학교 생활을 하면서 단체 생활에 적응이 힘들어 휴학을 하고 싶을 만큼 재미도 없었고, 흥미가 없어서 잘못 선택한 줄 알았다.

　'행복한 삶' 프로젝트를 하면서 지금 여기에 집중하는 공부를 하며 조금씩 나는 바뀌고 있었다. 많은 사람의 도움으로 나는 많은 경험을 하며 나의 변화에 집중을 하기 시작했다. 지금에 집중하는 습관은 빨리 되지가 않았다. 반복에 반복을 거듭하면서 자기에 오롯이 집중하기란 쉬운 일은 아니었다. 더구나 나는 집중을 못 하는 병에 걸린 것처럼 가만히 내 마음이 흔들리는 자체를 고스란히 느끼면서 주룩주룩 흘러내리는 나의 감정에만 집중하며 따라갔다.

　학교에서 진행하는 프로그램이 아니기에 의무적으로 갈 일이 없어졌지만, 가끔 시간이 날 때 찾아가다보니 많은 에너지를 받고 있었다. 우리가 학교에서 배울 수 없는 것들을 배워가며, 감정을 이해하고 지켜보는 훈련을 통해 행복한 삶을 살아가기 위한 작은 힘을 기르기 시작했다. 우리는 감정을 부정하고 회피하는 것에만 익숙하다. 자신의 감정을 알아차리는 게 중요하다. 무엇을 원하고, 무엇이 필요한지 바람직한 마음을 알아야 한다.

나의 트라우마로 사람을 차단하기 시작했다. 트라우마가 수십 년간 스트레스 증상을 유발했지만, 감정을 드러내지 못했다. 서툴게 마음속으로만 억누르고 살았다. 나의 감정은 멀쩡해 보이는 삶으로 감춰져 있거나 예민함으로 가지고 살아가고 있었다. 현실과 꿈을 구별하지 못했었다. 불안정한 감각을 보이기도 했다. 트라우마는 나약한 사람들에게만 생기는 것으로 생각하는 편견도 있다.

자신의 신체 반응들과 감정을 알아차리는 게 첫 번째여야 한다. 명상하거나 발을 바닥에 딛고 심호흡을 하며 현재의 자신에 머무르기만 해도 마음이 평온해지고 자신을 알아차리는 데 도움이 된다. 생각을 알아차리는 상태에서 감정을 보고, 과거를 돌아보거나 미래를 걱정하거나 예상하는 상태가 아닌 지금 이 순간에 머무르는 상태로 지켜본다. 온전히 현재에 집중하고 자기 몸과 연결된 상태로 느껴졌다. 여유를 가지고 마음을 알아차리는 상태여야 "나 지금 이러고 있구나.", "나는 지금 어떤가?"라고 물을 수 있다. 답은 본인의 마음에 있다.

불편한 상황이 왔을 때 감정이 드러나게 놔두어야 한다. 겁먹지 않고 새로운 감정도 받아들일 줄 알아야 한다. 트라우마는 격렬한 감정을 끌어낸다. 고통스러워 피하고 싶은 게 당연한 것이다. 힘든 시기를 잘 견디면 마음에 심각한 상처는 남지 않는다. 위로하고 용기를 불어 넣어 줄 사람이 없으면 우리는 주어진 상황에 방어적인 태도로 대처한다. 그러면 이러지도 저러지도 못하고 강박적으로 잘못된 선택을 반복할 수 있다. 무의식중에 이들이 부정적으로 영향을 끼치면 안 된다.

우리는 사회적 존재이기 때문에 본능적으로 우리를 돌봐줄 사람을 찾는다. 그들과 함께 머물고 싶어 한다. 나는 안타깝게도 이런 관계를 잘 형성하지 못했다. 하지만 안전한 느낌이 결핍되면 여파는 상당했다. 사람들에게 인정받는지, 스스로 얼마나 사랑을 받는지, 하며 사람과의 교류를 좀 더 안전하게 하고 싶어 한다.

나의 애착 유형은 불안정 애착이었는데 이제는 안정 애착이 되었다. 과거를 바꿀 수는 없다. 이미 벌어진 일은 어쩔 수가 없다. 앞으로 느끼게 되는 감정을 바꾸려고 노력하는 과정이 없으면 트라우마 치유는 힘들다. 내키지 않으면서 싫다고 말하는 걸 힘들어하는 사람이 많다. 지나치게 사람의 시선에 강박이 있는 것이다. 감정과 마음에 구체적으로 접근해야 한다.

책 쓰기 과정 수업 중에 나는 꼭지 과제에서 제일 늦었다. 체력이 문제였다. 책을 많이 읽어보는 것에 지금까지 나는 많은 시간을 보내지 못했다. 글을 쓰는 것에 관심이 많았지 독서는 개인적으로 좋아하지 않았다. 그래서 그런지 처음 책 쓰기 도전 과제에서 안 해본 것들을 하려고 하니 일상생활 패턴이 뒤죽박죽이 되어버렸다. 책 쓰기가 중요하지만, 먹고사는 일이 나는 더 중요했다. 피곤함이 누적되어 집중도 안 되고 과제를 할 에너지가 부족했다.

습관이 안 되어 있는 책 쓰기 과정을 위해 나는 체력이 있어야 했다. 일하는 시간을 제외한 하루 5시간을 책 쓰는 시간으로 만들기에는 역부족이었다. 이것도 저것도 아닌 생활 패턴에서 나는 그냥 멍때리고 있는 시간이 많았다.

그 시간 나는 벽을 보며 나의 감정을 지켜보고 있었다. 현실을 받아들이면서 나만의 시간에 맞추어 학원 수업의 꼴찌를 하면서도 도전했다. 뒤에서 1등 먹었지만 부지런히 글을 쓰는 사람으로 변화하고자 했다.

자존심 때문에 화들짝 놀라거나 중간에 포기하고 싶을 수도 있다. 감정이 올라오는 것은 외적인 것보단 내적인 요인으로 작용할 수 있기 때문이다. 다른 사람들은 다 마무리됐는데 혼자 못한 것을 창피하다고 생각했다면 내가 점점 작아지는 느낌이 들 수 있었다. 나는 속으로 "나는 멍청이야."라고 자책할 수도 있었다.

이때 고통을 키우고 싶지 않아서 이런 생각들을 한다. 그 시간의 감정을 그 자리에서 멈추게 한다. 자기와 대화를 하며 나의 감정을 알아차린다. '나는 공개적으로 창피했지만 '나는 책 쓰기 도전을 끝까지 해내는 사람이야!'라는 생각을 자신에게 말해주었다.

남들이 내 감정을 증폭시킬 수도 있다. 분노는 쉽게 증폭될 수 있는 감정이기 때문이다. 하지만 나의 감정 스위치를 켜고 "나 지금 이러고 있구나.", "이런 감정이 드는구나." 흘러가게끔 자기감정을 바라보기만 해도 치유가 된다.

그렇게 나는 지금에 집중하며 나의 감정에 스스럼없이 대화하고 지켜보는 힘이 생겼다. 감정을 솔직하게 받아들이면서 타인의 시선이나 강박에 벗어날 수가 있었다.

조금씩 '지금 여기'에 집중하려고 노력한 지 4년이라는 시간이 지났다. 늘 함께해준 '행복한 삶' 프로그램으로 지금 우리의 감정 조절이 안 돼 힘들어하는 사람들에게 행복이란 주제로 나 지금 여기라는 현재 진행형에 살고 있는 사람들이 함께 극복하면서 응원해준다. 나를 살피는 마음과 기술을 배움으로써 좀 더 과거보다는 나은 삶을 살아가고 있다.

우리의 마음은 매 순간 오르락내리락 한다. 감정은 매 순간 우리를 들었다 놓았다 한다. 그러면서도 당신이 기분 좋은 마음을 항상 가지고 있길 바란다.

조금 멀리서 마음을 바라보고 나의 상처 난 마음을 위로하고, 자존감을 키우는 데 자존감이 낮아지는 이유가 어디 있는지 알아차려야 한다. 과거의 힘든 일을 회피만 했다면 이제는 직면하고 과거의 자신과 마주하고, 그 감정을 알아야 한다. 느껴야 한다. 그리고 잘 닦아낸 감정을 바라보는 연습을 해본다. 두려울 수 있고 한꺼번에 되는 것도 아니다. 괴물 같았던 나의 마음도 들여다보고 초라해진 나의 마음도 달래줘야 한다.

오늘부터 행복한 사람이 되는 법을 가르쳐드립니다

과거를 잘 정리하지 못한 감정들로 인해서 언젠가는 또 우울하고 불안하고 분노하고 좌절해버린다. 자신을 힘들게 했던 것들을 인지하며 예상되는 상황을 인지해보기도 하고, 대처하는 방법도 스스로 터득해보면서 치유해나가야 한다.

똑같은 경험으로 많이 힘들겠지만, 이전의 다른 경험을 해보면 또 다른 자신을 힘들게 했던 패턴을 벗어날 수가 있다. 자신의 마음을 대비하고 준비하면 이전과는 다른 반응이 꼭 나올 것이다.

내가 가진 습관이나 자책으로 인해 나를 사랑하고 스스로 위로해줄 수 있는 습관을 시작하며 잘 닦여진 길로 가보는 것도 끊임없이 노력하고 인내하는 사람만 갈 수 있지 않는가? 심리적인 변화 방법에 정답은 없다. 개개인에게 맞는 방법도 다르기에 자존감을 향상하는 방향으로 변화를 위한 이정표를 먼저 세우는 것이 중요할 것 같다. 결국엔 자존감 향상과 변화라는 것에 가까워지면 좋을 것 같다.

누구나 실수할 수 있고 방황할 수 있다. 노력해도 결실이 없을 수도 있다. 적어도 스스로 한심하고 잘못된 존재로 여기지 말자는 결심을 해보며 나를 몰아세우는 대신 나를 멈추는 연습을 했고, 책을 읽으며 글을 써본다. 자책이 아닌 지금의 나에게 너그러움을 선택해서 집중했다.

내 감정의 감정을 이해하라

"나 지금 이러고 있구나" 잠시 멈추고 나를 바라보기

감정은 옳고 그르고, 좋고 나쁘고의 판단 대상이 아니다. 감정은 지금의 한 존재의 지금 상태를 있는 그대로 나타내는 것이다. 내 존재의 상태에서 시시각각으로 반영하는 모든 감정에는 이유가 있고, 그래서 모든 감정은 옳다. 감정은 자체로 존중받아야 한다. 드러나는 모습만으로 감정을 긍정적, 부정적으로 나누는 것은 인간관계에서 공감하는 일은 어려울 수 있다.

과거에 나는 어느 때보다도 심한 스트레스와 부담감, 불안, 자기비판, 우울증에 시달렸다. 대부분 나의 감정을 받아들이는 것보다 회피하려고만 했다.

우울이나 불안으로 타인의 시선에 많은 초점을 맞추며 살았다. 장기적으로 방치해둔 감정으로 이런저런 행동들에 상처를 입는 방식으로 반응하며 살았다.

종소리에 맞추어 조용히 눈을 감는다. 숨을 크게 들이 마신다. 그리고 내뱉는다. 행복한 삶 연구소에서 2부 순서로 다 함께 명상을 했다. 자기만의 가장 편안한 상태에서 자유롭게 명상을 시작했다. 대부분 한 시간 반 정도 진행했다.

내가 명상을 처음 시작할 때는 눈을 감고 있는 것만으로도 힘들었다. 눈을 감고 있으면 깜깜함이 공포로 다가오기도 했다. 내 심장이 빠르게 뛰는 것을 느꼈다. 그리고 명상을 한 뒤 무슨 감정인지도 몰랐다. 집중도 안 되는데 무슨 이야기를 할 수 있을까?

가만히 내가 느끼는 감정을 이야기해봤다. 살면서 처음인 것 같다. 내 감정을 이야기한다는 것은 답답할 정도의 꽉 막힌 느낌이었다. 느낀 것에 대한 이야기를 했다. 자신의 지금에 집중하며 자기의 감정을 이해하는 시간을 만들기 시작했다.

눈을 감으면 많은 생각들이 수백 번 떠오른다. 불필요한 생각들이 이리저리 스쳐 지나갔다. 다시 집중을 하고, 또다시 나에게 지금의 집중을 하고, 오롯이 지금이라는 생각을 하면서 답답함에 감정과 나의 숨소리만을 느낄 수 있는 그 시간을 반복했다.

자기만의 생각이 정리가 된다. 무엇을 정리하려고 애쓰지 않고 나의 감정이나 생각들을 지켜보는 힘이 생기기 시작했다. "나 지금 이러고 있구나." 하고 잠시 멈춰지는 순간의 감정들을 받아들이기 시작했다.

이느새 자고 일어난 것처럼 머리는 맑아졌다. 생각을 비우고 '지금 여기' 자기에게 집중을 하다 보면 불필요한 생각들이 날아간다. 습관처럼 명상을 통해 나의 현재에 초점을 맞추어 집중을 했다.

생각과 감정은 다르다. 수많은 생각이 오면 지금 나의 감정을 살피는 것이다. 잠깐의 명상에도 잠시 눈감고 나면 나의 머릿속이 정리가 된 기분이었다. 스스로 내 감정을 말하다 보니 조금씩 함께 있는 사람들과 감정들에 관해 스스럼없이 말을 할 수 있게 되었다.

감정은 부정적인 감정, 긍정적인 감정으로 나뉜다. 대부분의 사람은 부정적인 감정을 느끼면 나쁘다고 생각한다. 스스로 부정적인 감정을 가지면 죄책감을 가진다. 감정 자체는 나쁘지가 않다. 부정적인 감정이 타인에게 해를 끼치면 안 되지만 감정을 느끼는 것은 나쁜 게 아니다. 감정이 슬프기도 하고 짜증 나기도 한다. 이런 감정들을 무시하거나 다른 쪽으로 폭발하게 되면 결국 자신에게 죄책감만 생긴다.

감정의 원인을 잘 파악해야 했다. 이전에는 '그냥'이라는 말로 포장을 했다. 원래 감정에 '그냥'은 없다. 우리의 감정에는 원인이 있다. 그 원인을 찾아 구체적으로 감정을 언어화해야 했다. 나의 감정에 이름을 붙여보고, 말을 해주고,

있는 그대로 느끼면서 받아들일 시간을 줘야 한다.

울고 싶으면 울어도 보고, 내가 많이 슬프고 외로웠구나 하는 감정을 무시하지 말고 소홀히 하면 안 된다. 쌓아두면 해결되는 게 아니다. 나 자신과 상대방의 감정을 잘 읽어야 했다.

감정은 객관적이지 않기 때문에 본인이 체크해야 하는 것이다. 남들이 어떤가는 상관이 없다. 개인의 상대 평가이기 때문에 감정 자체가 잘못된 표현들이 많은 것 같다. 시대적인 부분들이 있는 것도 같다. 감정을 무시하고 억압하고 힘들어도 힘들다고 못 했던 시대도 있었다.

어느 순간 감정이 많이 느껴지게 된 시점이 있다. 살아왔던 삶의 기준에 혼란이 생길 수도 있고, 스트레스를 날려버리고자 하는 감정을 밀어내거나 통제하려고 한다. 감정에 저항하려고 하면 힘들다. 감정은 남과 비교할 필요가 없기에 나의 감정이 어떤지에 집중을 해야 한다.

그동안 감정 이야기를 안 해봤기에 감정 이야기를 하지 않고 상황 이야기만 했다. 자기 감정을 이야기하고 그 감정을 이해받지 못할 때 굉장한 소외감을 느꼈던 것 같다. '섭섭하다', '서운하다' 등 순간적으로 느껴지는 감정은 남들이 터치할 수 없는 영역이기도 하다. 무의식적으로 느끼는 이런 감정은 남들에게 공유를 못 한다. 감정을 표현을 못 하고, 내 감정에 대해 자기 스스로 의구심이 생기기도 했다.

편의점 야간 알바생이 들어왔다. 한 살 많은 E언니이다. 야간 알바하면서 하고 싶은 공부가 있다기에 나는 많은 응원을 보냈다. 추석 연휴에 나는 알바생들이 집으로 가서 언제나 독박 일을 해야 했다. 그러기에 E언니는 나에게 굉장히 소중한 사람으로 다가왔다. 그만큼 애정을 주고, 또 필요한 사람이기에 모든 편의를 봐주었다.

추석 연휴 일주일 전 갑자기 아프다는 E언니가 추석에 야간 알바가 안 될 것 같다고 했다. 덜컹했지만 뭐 언제나 내가 했던 일이라서 몸이 회복되면 다시 일해주길 바라는 마음으로 걱정을 했다.

하루 지나고 걱정이 돼서 전화를 걸었다. "밥은 먹었어?"고 물었다. 힘이 없는 목소리로 입맛이 없다는 말을 했다. 혼자 사는 사람인지라 아프면 안 먹겠다는 생각이 들었다. 바쁜 와중에 지인에게 사골을 부탁해서 끓여달라고 아쉬운 소리를 했다. 할 수 없다. 나는 지금 편의점 근무를 해야 했기에 누군가에게 아쉬운 부탁을 하게 되었다. 음식 솜씨가 좋은 지인에게 부탁했다. 든든한 한 끼는 걱정이 없었다.

그리고 또 전화를 했다. 사골을 끓인 게 있어서 집으로 가져다주겠다는 말을 했다. 부담스럽다고 거절했다. 나 역시 부담스러워했을 것도 같다는 생각을 했다. 사골은 내가 편의점에서 충분히 한 끼 영양을 보충할 수 있었다.

그리고 추석 전날이 다가왔다. 다들 선물을 준비하는 단계에서 나는 준비를 아무것도 못 했다. 다행히 한 시간 정도 편의점을 봐줄 친구가 생겨서 급하게 마트에 갔다. 그 수많은 사람 중에 유독 한 사람이 눈에 띄었다. 아프다고 누워 있어서 내가 사골을 끓이기까지 노심초사하면서 걱정했던 E언니가 있었다. 판촉물을 팔고 있었다. 나는 안내 데스크로 갔다. 뒤돌아보니 금세 있던 E언니가 사라졌다. 내가 착각하는 것 같아서 미안하기도 하고, 여러 감정이 마구 쏟아지면서 50M 거리에 안내 데스크를 걸어가는 내내 굉장히 어지러운 감정으로 내가 구입한 물건들도 챙기지 못했다.

"알바 중에 누구누구 씨 있나요?" 하고 물으니 "네-!"란 대답이 나왔다. 다시 한 번 물었다. 같은 대답이 또 나왔다. 지금 바로 찾아가서 따질까 말까? 물어볼까 말까? 내가 안절부절못했다. 내 감정을 표현하고 이해하기 시작한 사건이었다.

호흡을 하며 나는 자기 전 명상을 한다. 숨 쉬는 속도와 크기를 느끼면서 내 몸 하나하나에 느껴지는 것들을 지켜본다. 나의 몸에 집중하며 내 감정을 느끼고 있다. 방치해둔 내 감정에 관심을 두면서 나는 많은 것들이 바뀌고 있다. 이해하지 못했던 내 감정에 위로와 함께 수용하지 않았던 감정을 통해 억누르기만 했던 오랜 시간의 감정을 이해하고 싶어졌다. 나의 감정을 수용해본 적이 없어 남에게 맞춰진 삶을 살아왔다. 스스로 힘든 시간을 만들어 살았던 시간이 많았다.

대부분의 사람은 감정을 어떻게 컨트롤할까? 감정은 남에게 설득할 수 있는 게 아니다. 자동 반사의 감정으로 인해 느껴지는 것이다. 개개인의 감정을 소중히 여기지 않는 사회적 분위기는 감정 표현을 허용하는 범위가 작다. 나도 모르게 부정하고 있었던 감정을 스스로 받아들여야 한다. 감정은 주관적인 것이다. 그리고 인간은 감정의 동물이라는 말이 있다. 하루에도 몇 번의 감정을 느끼면서, 서로의 신뢰를 바탕으로 공감의 이야기를 하며 관계를 맺는다.

나만의 감정의 쓰레기통을 만들었다. 자신의 감정을 솔직하게 표현할 수 있는 곳이 있어야 한다. 욕을 하고 싶으면 욕을 하고, 실컷 원망도 하고, 울고 싶으면 울고, 자신에게만이라도 솔직해야 한다.

잘 내려놓는 습관을 길러라

행복은 다른 사람이 줄 수 있는 게 아니다

살다 보니 이 정도면 내려놓자. 일상적인 말이 포기하는 것도 같고, 욕심을 버리자는 말 같기도 하고, 행복이든 간절히 무언가를 얻는 것에서 원하는 마음을 그만두고 싶은 마음이 생겼다. 생각한 대로 그리고 뜻한 대로 나에게는 돌아오지 않았다.

간절히 원했기 때문에 마음을 비우기는 쉽지가 않았다. 떠오르는 분노의 생각을 지우는 것도 힘들었다. 흘러가게 내려놓지도 못하고 힘들게 가슴에 담고 살았다. 그러다 보니 가끔 분노와 마주할 때는 내가 아닌 다른 사람이 된 것 같았다.

'이런 생각은 하지 말아야 해.' 할 때 이미 판단은 들어가버린다. 모든 생각과 감정은 자연스러운 거다. 그저 그런 생각이 떠오르는구나! 흘려버려야 하지만 쉽지가 않다. 후회라는 삶에서 내려놓는다는 것은 경험하는 것이 부족하고 모자라서 그런 것이 아니지만 부정적인 생각은 무언가 잘못했기 때문이라는 습관적인 고질병이 나타났다.

무엇인가 잘못되고 있으므로 내려놓으라는 의미로 많이 들었다. 가까운 사람들은 나에게 이야기를 한다. '내려놓으면 돼.' 굉장히 고통스러운 말이었다. 벗어나고 싶었지만 벗어나지를 못하는 시간으로 화병이라는 이상한 감정이 생기기도 했다. 어이없는 고통의 시간, 현실에 돌파구가 없을 때 포기하라는 뜻에서 내려놓는다는 의미로 많이 해석했다. 그리고 괴롭고 힘든 것이기에 생각하지 말자는 이유도 있었다.

생애 첫 집을 사고 즐거움도 잠시 쓰레기가 돼버리는 상황, 집이 경매로 구겨지는 모습을 보면서 파르르 심장이 크게 들린 적은 처음이었다. 그 뒤에 나는 분노와 원망을 내려놓지 못하고 살았다.

'후다닥~ 휙!' 집에 들어가면 자동차 키를 휙 던져버린다. 집에 안전하게 들어왔다는 생각으로 휙 하고 던져버린다. 온종일 나를 데리고 다니면서 고생한 나의 자동차에 고마운 줄도 모르고 내팽개치는 나의 손가락 끝을 자동차 키는 알 것이다. 치매도 아닌데 한 박자 쉬었다가 다시 찾으면 키는 어디로 갔

오늘부터 행복한 사람이 되는 법을 가르쳐드립니다

는지 기억이 나질 않는다. 집안을 온통 뒤지는 행동을 반복했다. 한 곳에만 두면 찾기도 쉬운데, 당연하고 소소한 행동에 왜 이리도 게을러질까? 분명히 집에 잘 도착해서 다음 날 중요한 일 처리로 조금 일찍 나섰다. 자동차 키를 찾긴 하지만 5분 이상을 찾아본 적은 없다. 그러나 그날은 1시간을 찾아도 없었다.

더 기다릴 수가 없어서 서비스를 불렀다. 다시 키를 제작하는 데 18만 원이라는 거금이 든다고 했다. 동공이 커지면서 나의 마음에 고스란히 후회가 지나가면서 반성하게 되었다.

주차된 장소에서 기다리는 도중 주위를 빙빙 돌며 후회에 대한 벌칙이고, 책임이라는 생각으로 땅바닥만 쳐다보고 있었다. 그 순간 하느님이 보우하사, 부처님이 보우하사, 차 밑에 차 키가 있었다. 로또 5만 원에 당첨된 것 같은 기분을 순간 느꼈다. 잠시 기쁨을 누리다 서비스 취소 전화를 했다. 당황스러웠던 아침의 풍경들이 머릿속을 지나갔다. 보물단지 찾은 것 같은 미소와 함께 자동차 키를 담아둘 물건과 장소를 정했다.

그 뒤로 나의 아침 시간은 깔끔해졌다. 별생각 없이 일어나는 일에 무심하게 행동했지만 의식해서 잘 내려놓는 습관을 기르기 시작했다. 정말 사소한 일이지만 깔끔할 정도로 정리되는 아침 시간의 느낌은 너무 좋았다. 물건이든 사람이든 잘 내려놓는 습관을 들여야 한다는 사실을 알았다.

다른 이의 일상을 부러워하고 나의 일상은 너무 힘들다고만 하는 사람들이 늘어나면서 사람들이 가장 필요로 하는 것이 무엇일까? 우리가 할 수 있는 일은 매 순간 행복하기 위해 노력하는 것뿐이다. 사람은 누구나 행복하다. 다만 그 행복이 내 눈보다 남의 눈에 더 많이 보인다는 것이다. 하지 않아도 될 걱정을 많이 한다. 사람, 장소, 시간 지금을 살아야 한다. 바로 이 순간을 온전히 누려야 된다.

나는 늘 과거에 살았다. 아니면 쉬어갈 곳은 미래인 것 같았다. 모든 짐을 둘러메고 무작정 한계의 힘에 부딪혀 가면서 살았다. 물건, 일상, 그리고 일에서도 마찬가지로 긴장도 하고, 열정도 있지만 잘못할 때가 있었다. 항상 무언가 정리가 되어 있지 않은 느낌이었다.

시간이 날 때면 글을 적었다. 한 장씩 적어내며 나의 소중한 기록으로 남기는 습관을 들이기 시작했다. 한 장씩 기록하다 보니 정리 안 된 것들과 정리해야 할 것들이 뒤죽박죽으로 되어 기록하지 않는 것보다 더 스트레스를 받을 때가 있다. 가끔은 기록하지 못한 것에 후회가 많았다. 사람도 마음도 물건도 잘 내려놓는 노력을 해야 하는 것 같다.

공부했던 메모지는 분류해놓고, 스냅 사진들은 날짜별로 구분하고, 자주 쓰는 것들을 사용처를 정해보기도 했다. 수월하게 무엇인가 진행되는 흐름에 빛의 속도로 물건을 찾게 돼서 마음은 평온해지기 시작했다. 정리해놓고 다시 찾을 때의 방법을 하나하나 모색하기 시작했다. 무언가 찾을 때 어디 있는지 몰랐을 때의 감정과 어딘가 정해진 곳에 모아진 느낌을 상상하는 것만으로도 복잡하고 바쁜 생활에서 문득문득 불안을 해소할 수가 있었다.

잘 내려놓고 싶었다. 사람에 대한 원망도, 분노도. 그리고 진짜 내 감정에서 벗어나고 싶었다. 잘못된 판단으로 인해 손해 봤다고 느껴지는 것들을 빨리 없애고 싶은 마음이 강해지고 있다. 잃어버린 것에 대해 자책하는 것이 너무 힘들어서 우울한 마음으로부터 벗어나고 싶다. 붙잡고 있으면 스트레스가 많았다. 다른 일에 집중할 수가 없었다. 내가 할 수 있는 것들을 위해 살고 싶다. 미래에 더 멋지게 살고 싶은 마음이 강하다.

내려놓는다는 것, 바꾸고 싶지만 쉽지는 않았다. 무덤덤한 마음을 갖춰 보도록 노력해 당당하게 살고 싶다. 닥치면 하게 되고 할 수 있다는 생각을 많이 해봤지만 그러기 위해서는 지금의 마음에 집중해야 했다. 마음가짐으로 생기는 감정을 통해 마음에 여유를 갖고 살아가고 싶다. 마음의 짐을 내려놓고, 하루하루 행복을 찾고 행복을 만들어내는 전도사가 되고 싶다.

나는 엉망진창이었다. 정신적으로 힘들고 건강도 최악이었다. 자유롭지도 행복하지도 않았다. 평범하게 살고 싶었다. 내 마음의 소리를 따르는 공부를 하기 시작했다.

일단 쉽게 내려놓을 줄 알아야 했다. 세상에서 가장 힘든 게 나를 내려놓는 것이다. 내 생각과 감정은 내가 아니라는 것을 알기 시작했다. 우리가 매일 착각하는 것이기도 하다. 시시때때로 바뀌고 움직인다. 지금 생각 또한 내가 아니다. 생각은 에고가 많다. 자꾸 바꾸고 변한다. 마음을 잘 내려놓고 싶으면 에고를 알아야 한다. 에고는 버림받을까 봐 두려운 마음이다. 내 뜻대로 안 되는 두려움이다. 그리고 수치감, 열등감을 피하고 싶어 한다. 또 무언가 가지고 싶어 한다.

어떻게 집착에서 벗어날 수 있는가? 버리려면 버림받은 상태에서 들어봐야 한다. 불안해하고 긴장하고 느껴주면 집착은 내려간다. 느낄 때까지, 인정할 때까지, 모든 마음을 인정하고 벗어나야 한다. 감정을 느껴주면 현실은 바뀐다. 버림받은 상태를 마주하면 내려놓아진다. 마음만 인정하면 편해진다. 에디슨은 999번에 걸쳐서 성공할 방법을 찾은 것이므로 999번 실패한 게 아니라는 말을 했다. 희망이라는 단어를 가지고 잘 내려놓는 연습 또한 필요하다.

세상의 모든 일은 인간의 일이다. 어떤 마음가짐으로 대하느냐에 따라 달라진다. 평상심은 벗어난다. 인간관계에서 나타나는 이해득실에 따라 요동칠 수 있다. 담담한 마음이 있으면 실망과 절망이 줄어든다. 모든 것들이 순탄한 길도 아니고, 원만하지 않을 때가 있다. 무슨 일이 생기든 늘 연습하다 보면, 인생에서 일어나는 일들을 필연으로 받아들이게 되어 애써 싸울 필요가 없어지는 때가 올 것이다. 어떤 감정이든 집착하지 말자.

정신적 행복은 다른 사람이 줄 수 있는 게 아니다. 남과 비교하면 안 된다. 저마다의 방식이 있다. 자기 자신의 기준점을 찾고 가야 한다. 강이 흐르는 것처럼 흘러가게 놔둬야 한다. 생각은 경험의 원인이기 때문에 우리 머릿속에서 일어나고 있는 것들을 잘 살펴서 자신과의 대화에 귀 기울여야 한다.

우리는 습관적으로 생각하는 방향대로 현실을 경험하게 된다. 긍정적이고 즐겁게 느껴지도록 다른 관점에서 볼 줄 아는 습관을 들여야 한다. 사소한 것부터 소소하게 잘 내려놓는 연습을 해야 한다. 남과 다름을 인정하고 나만의 길에서 잘 내려놓은 것들이야말로 행복한 하루의 시작이 아닐까 생각한다.

이미 잃어버린 것을 아까워하지 마라

의식 전환은 삶에 있어서 굉장히 중요한 부분이다

나는 지금까지 물질적으로 너무 많이 잃었다. 내 손에 쥐고 있다가도 어느 새 어디로 사라져버리는 것들이 왜 이렇게 쉽게 빠져나가는지 수없이 많은 생각을 했다. 돈을 쫓아가는 것도 아니었지만 그렇다고 돈을 안 쫓아갈 수도 없었던 현실이다.

잃어버린 것은 물질적인 것만이 아니다. 가끔 허탈함과 공허함으로 인해서 우울증으로 힘든 시간이 있었다. 아무도 알아주지 않는다. 알려고 하지도 않는다. 단지 나의 선택으로 인해 실수한 것들만 기억하고 되새기며 나 스스로 비난했었다.

학창 시절부터 돈은 언제나 잃어버리는 존재였다. 이상할 만큼 횟수가 많았다. 어쩌다 알바를 하고 떡볶이 사 먹을 돈을 가지고 있었어도 돈을 잃어버린 적이 많았다.

편의점을 운영할 때였다. 월급을 계좌이체가 아닌 현금으로 줘야 하는 직원이 있었다. 은행에서 현금과 수표를 찾고 잠시 집에서 밥을 먹고 옷을 갈아입고 다시 편의점으로 가려던 그때였다. 심장이 멎는 줄 알았다. 새로 구입한 지 2달도 안 된 소나타 차량 유리창이 파손되어 있었다.

월급이었던 돈을 자동차 글로브박스가 아닌 의자 밑에 꽁꽁 숨겨두었다. 10만 원권 수표 두 장과 현금을 두었다. 자동차 창문은 깨져 있었고, 돈은 사라져버렸다. 어이없는 사건이었다. 기가 막히게도 골목에는 CCTV가 없었다. 경찰에 신고도 했지만 특별한 단서를 못 찾았다는 말을 들었다. 시간이 지나가기만 했다.

어이없는 일들이 벌어지는 것에 나는 더 많은 생각에 잠기게 됐다. 자동차 문을 잠그고 조심스럽게 다니는 게 안전하다고 생각했다. 반복되는 일로 인해 스트레스가 쌓였다.

내게 약간의 집중에 대한 문제가 있는 것 같다는 말을 남에게 들었다. 불안과 함께 뭐든 빨리빨리 해야만 하는 강박도 있었다. 사는 대로 움직이고 생각했던 시간이 정신이 나갈 정도로 많았다. 잃어버리는 횟수가 많아질수록 점점 삶을 포기하고 싶은 생각이 강해졌다. 많은 것들을 잃어버리는 것에 불안과 초조가 높아지고 있었다. 바쁜 일상 속에서도 해내야 하는 일들이 너무 버거웠다. 불안과 초조함이 커지면서 행동을 천천히 하기로 했다. 익숙하지 않아서 힘들지만 모르는 것들을 알아가며 조금씩 집중해보는 것에 많은 시간을 투자했다.

실수의 고통 사이에서 잘 살아낼 용기를 가져야 했다. 가끔 책을 읽으면서 삶의 나침반이 되어줄 글들을 찾기 시작했다. 가끔 이해되지 않았던 것들도 있지만, 한 줄의 명언처럼 나에게 다가온 것들도 있었다. 《좋은 생각》이라는 작은 책을 좋아했다. 보통 사람들이 사연을 모아서 엮어낸 소소한 행복을 찾는 것 같았다. 희로애락의 글들을 읽으면서 용기 있게 나를 다시 다독거렸다.

끔 어이없게 잃어버린 것들로 인해 마음의 고통도 있었지만, 경험에서 나오는 또 다른 힘도 생기기 시작했다. 댄 로스의 『1%에 인생의 승부를 걸어라』에서 특별한 재능도, 물려받은 재산도 없는 사람들의 부와 성공을 위한 이야기가 나온다. 지금의 나의 현주소를 파악해서 다시 스스로가 운명을 지배하도록 하라는 글이 있다. 실패해도 좋다. 잃어버려도 좋다. 실패에서 배운다면 더 좋다. 그것을 겪고 이겨나가는 것이 우리의 삶이다. 모든 시행착오는 연속이다.

나는 쓸데없는 좌절감으로 마음을 어둡게 하기가 싫었다. 이미 잃어버린 것을 아까워하다 보면 생각 날 때마다 나를 원망하게 되었다. 후회를 계속해서 하다 보니 어떤 일이든 자신감이 떨어지고, 타인의 시선에서 점점 더 갑갑한 마음에서 벗어나고 싶었다. 누군들 아깝지 않겠는가? 누군들 쉽게 잃어버린 것들을 손쉽게 놓을 수 있는가? 잃어버린 것들을 마음에서 놓아야만 다시 무엇인가에 집중할 수 있을 것 같았다. 머릿속이 온통 과거에 대한 생각이다 보니 나는 지금에, 미래에 더 집중하고 싶었다.

나의 잠재의식을 활용하고 싶었다. 과거에만 살고 있는 나의 모습에는 원망과 불신만이 있었기 때문이다. 마음이 편치 않은 감정들로 인해서 소극적인 사람이 돼버린 것에서 나는 벗어나고 싶은 마음이 크다.

한 번 더 적극적인 생각을 하면서 주위 사람들하고 전보다 훨씬 따뜻한 사람으로 매일이 다른 생활에서 새로운 것들을 배우며, 다시 나의 꿈을 위해 글을 쓰며 마음의 병으로부터 빠져나와 이제부터 행복한 시간을 만들어낼 수 있는 나의 삶에 충실히 시간을 채우며 살고 싶다.

살아가면서 잃어버렸던 것들이 누구나 있을 것이다. 다양한 것들을 잃어버리고 허무하고 자포자기했던 마음과 고통스러운 것을 받아들이는 마음을 위로하기 시작했다. 원망에 싸여 있는 시간들에 버리고 찌들었던 나의 감정을 꺼내보고 있다.

다시 시작할 수 있는 마음을 먹기 위해서 작은 것들을 실천하고 있다. 인생이란 게 참 만만치가 않은 시간임을 알면서도 한두 번의 잃어버린 것들로 하여금 송두리째 바뀌어버리는 현실에서 미끄러지고 깨지더라노 호락호락하시 않는 삶에서 다시 꿈꿀 수 있다는 것은 살아 있음에 감사해하는 마음도 생겨나기 시작했다.

한 번쯤 좌절은 하지만 아니 두 번 세 번 좌절은 하지만 아직 끝날 때까지 끝난 게 아니라는 말도 있지 않은가? 다시 바람이 불면 밀려갈지라도 세상을 통해 세상의 변화에서 나를 잃어버리지만 않으면 안개 낀 시간을 보냈다고 해도 걸을 수 있을 것이다.

꿈이 없었던 나에게 다시 꿈을 찾을 수 있게 스스로에 대한 믿음으로 의식의 전환점을 바꾸면서 소소한 행복을 주는 것을 찾기 시작했다. 의식 전환은 삶에 있어서 굉장히 중요한 부분이다. 사는 대로 생각하지 말고 생각하고 살아야 한다는 마음에 나의 의식에 큰 변화를 준다는 것을 느끼고 경험했다.

언제나 힘들고 어려웠다. 세상에 적응하려 부단히 노력해도 세상을 잘 모르겠다. 잃어버린 것들로 인해 '이 세상을 살아가는 데 있어서 모든 일은 지나가는 법'이라는 지혜를 배우면서 내공이 쌓인다. 그러면서 가슴 한구석의 답답함도 있지만, 세상 속에서 커져가는 자신을 발견할 수 있을 것이다.

상처들로 인해서 좌절과 절망이 많았지만 모든 일에 잃는 것이 있으면 얻는 것도 있는 법이라 했지 않은가? 나를 점검할 수 있는 시간이라고 생각을 했다. 지금 이 순간을 살아야 한다. 과거도 미래도 아닌 지금 여기에 살아가야 한다. 잃어버린 것으로 인해서 나를 자세히 알아볼 기회도 됐다. 감독도 출연자도 나이다. 내가 진정으로 원했던 삶은 아니었지만 잃어버린 것들을 놓을 수 있는 지금 다시 진정으로 내가 원했던 것을 찾아보는 시간이 되었다.

　우리 모두는 하루살이다. 삶의 의욕에서 더해지기도 하고 기운이 빠지기도 한다. 허망해 보이는 사건들로 인해서 힘든 일을 대면하기도 하지만 인생의 놀이터에서 매일 매일 행복을 찾아보고 싶다.

　죄책감에서 빠져나오는 것이 우선이었다. 이래저래 무거운 마음으로 인해 불행한 사람을 만들 수 있기 때문이다. 세상 탓을 많이 했던 것을 줄여나가보았다. 누구든 자기가 잃어버렸던 것들에 대해서는 어떻게 받아들이고 느끼는가에 많은 감정들이 있었다. 생각해보면 어떤 사람도 잃어버린 것에 아깝지 않은 사람은 없기에 마음을 조금 내려놓아야 한다.

　내 삶의 기반 전체가 흔들리면 안 된다. 세상이 빠르게 바뀌다 보니 잃어버릴 수 있는 환경이 많아졌다. 열심히 살아가도 잃어버릴 수 있는 것이 있다. 태평양처럼 넓은 이 세상에서 실패와 성공이 반복된다. 따라서 우리는 가끔은 불안하더라도 가끔은 소소한 행복을 느낄 수 있을 것이다.

　행복은 별개가 아니었다. 매일 일정한 곳에서 사람들과 소통하고 있다면 좌절한 마음을 치유할 수 있는 시간도 분명히 있다. 털어버려야 한다. 세상을 살아오면서 마음대로 되지 않은 것들에 대해 불만을 갖고 있는 것들을 털어버려야 한다. 머릿속의 부정적인 것들을 흘려보내는 연습을 지금부터 시작해보라.

딱 한 발자국 걸어보라

움직이지 않은 고인 물에 있지 말아야 한다

오른발 한 발자국 걷는다.

"변화 그 자체가 되라. 결국 고생 끝에 낙이 온다."

인공위성의 한 걸음이었지만 그것은 인류의 거대한 걸음이었다. 35개국 5만 명이 넘는 사람들이 10년 이상 바친 노력이다. 하나의 작은 걸음이 세상을 바꾸기 위해 용감한 선택을 한 사람이 있어서 가능한 일이었던 것일 것이다.

정신력은 외부적인 상황과 관련이 있다. 내가 뭘 해야 하는지 수없이 생각하면서도 실패를 했던 것들 때문에 주저할 때가 있었다. 가끔 하고 싶은 일을 할 용기가 충만해 질 때가 있다. 원하는 삶을 위해 걸어왔고, 앞으로도 걸어가고 싶다. 걸어갈 힘과 방향을 잃어버려 잠시 주저앉고 싶은 상황을 수도 없이 마주하는 게 우리네 일상이다. 내가 할 수 있는 일을 선택할 수 있기에 한 발자국 옮기기는 쉽다는 생각도 할 수 있지만, 너무 빠르게 변화되는 것들로 인한 두려움이 우리의 걸음을 멈추게 한다.

나는 세 번의 실패에도 다시 한 발자국 더 내딛고 싶다. 지금 할 수 있는 것에 거창한 것은 없다. 하지만 작은 것부터 시작해보았다. 폐업하고 앞으로 어떻게 해야 하는지 몰라 막막함이 있었지만 아무것도 하지 않으면 더 불안했던 시기이기도 했다.

코로나19는 우리의 아주 작은 걸음도 멈추게 했다. 어떤 길로 가야 하는지도 가르쳐주는 사람이 없다. 지금은 사람들에게서 무기력한 모습을 쉽게 볼 수 있다. 용감하게 지금을 사는 사람은 거의 없을 것이다. 불안과 분노를 풀 수 있는 방법이 없기에 점점 마음이 내려앉는 사람이 많다.

폐업하면서 두려웠다. 당장 해야 할 일들이 줄어들면서 그리고 새로운 무엇인가를 해야 하는데 방향을 찾지 못해서 더 혼란은 계속됐다. 누구도 가르쳐주지 않는다. 안전한 곳이 없으므로 단 한 발자국조차 걷지를 못한다. 자존감이 낮아지고 자존심이 높아짐에 따라 불만이 많아졌다. 코로나19가 잠잠해지길 바라는 마음뿐인 삶은 생활 리듬이 망가진 다른 사람들과 같았다.

나에게 작은 한 걸음은 마케팅과 글쓰기 그리고 플랫폼의 시장을 배우는 것이었다. 공부할 수 있는 플랫폼은 많았다. 하지만 어떤 것을 공부해야 할지는 몰랐다. 시대에 맞고 나에게 필요한 것들을 배워야 하기에 찾아가는 길도 힘겨웠다. 누구나 지금은 혼란스럽고 답답한 마음이 클 것이다.

내가 난 한 발자국 걸어본 것이 온라인 마케팅이다. 블로그나 전자책의 붐으로 나는 공부를 시작했다. 무작정 했다. 따질 것도 없이 피할 것도 없이 당장 현실에 필요한 것들을 해야 했다. 386세대라 컴퓨터에 약한 나로서는 모든 것들이 생소하고 어려웠다. 스마트폰 기능도 단순한 작업 외엔 몰랐다. 서점에서 스마트폰 활용서를 사서 배우기 시작했다.

피하고 싶은 지금 현실이다. 자유롭지 못한 일상들과 모든 오프라인이 멈춰지는 곳도 생겨나기 시작했다. 많은 공포 속에서 우리가 살아가고 있다. 지금의 가장 큰 두려움은 무엇일까? 어떻게 살아야 할 것인가를 생각하는 사람들이 많을 것 같다. 다들 똑같은 시점에서 누군가의 도움으로 한 발자국 걷는 사람도 있을 것이다. 그리고 혼자 발걸음을 내딛는 분들도 있을 것이다.

피하지 못하면 즐기라는 문구도 있다. 코로나19가 장기화되면서 이 시대에 맞서서 살아야 한다는 생각이 든다. 단 한 번의 발걸음으로 전부를 얻을 수는 없지만 지금 제자리에 있는 것보다는 세상을 살아가는 힘은 생길 것 같다.

무너져버리는 지금의 자신을 볼 수 있는 힘이 있어야 한다. 많은 외부적 요소들이 나를 좌절시키기 때문이다. 무언가 하려고 하면 우선 자신의 감정에 집중을 해본다. 의지할 수 있는 사람들에게 도움을 청하고 자신의 모습에 집중을 해본다. 실패할 가능성은 있다. 주변에서 모르게 한 번쯤 시도를 하는 것이 좋다는 생각이다. 나의 걱정이 온 뇌를 감싸버려서 힘들 수도 있다.

주변의 반응 때문에 어떤 시도를 해보지 못한 경험이 있을 것이다. 나를 아는 사람들은 나를 아끼는 사람, 나에게 무관심한 사람, 나를 싫어하는 사람, 세 분류로 구분될 것이다. 나를 아끼는 사람은 일에 집중하라고 한다. 일이 잘 안 되는 이유를 설명하고 지금에 집중해야 한다는 말을 한다. 사공이 많으면 배는 산으로 간다. 이런저런 조언들이 도움이 될 수 있어도 너무 많으면 효과는 미미해진다. 많은 사람이 의식적이든 무의식적이든 타인의 관점을 따른다. 타인의 관점에서 벗어나야 한다. 가장 중요한 것은 내면의 소리를 따르는 것이라고 생각한다.

나는 한 발자국 걸어가고 싶다. 무엇을 다시 시작하는 건 너무나 어렵고, 큰 공포를 느낀다. 하지만 하나씩 배워가면서 전율도 있고, 성취감을 느끼면서 나에게 더 큰 힘이 생겼다. 좋은 사람들과 함께 삶을 살아내고 싶다. 코로나19로 힘든 사람들이 점점 많아지고 있다. 준비된 사람들보다 준비가 안 된 사람들이 더 많음에 따라 나는 이들을 위해 내가 할 수 있는 방법을 찾아 한 발자국 함께 걸으며 친구가 되어주고 싶다. 누군가 나처럼 힘겹게 살아온 사람들이 있다면 작은 한 발자국으로 걸어가고 있냐고 말하고 싶다.

〈한책협(한국책쓰기1인창업코칭협회)〉에 김태광 코치님이 계신다. 글쓰기를 잘하고 싶어서 찾아간 곳이 책 쓰기로 유명한 곳이었다. 과연 내가 책을 쓸 수 있을까 하는 의문에 『의식 확장』이라는 책을 추천해주셨다. 처음 접해본 책이었다. 신기하기도 하고 믿거나 말거나 하는 의문도 들었었다.

성공한 사람들은 매일 의식에 관한 책과 함께 독창적인 행동으로 문제 해결을 하는 것 같았다. 잠재의식은 편치 않은 감정을 확대시키기도 했다. 실패라는 소극적인 사고방식을 털어버려야 했다. 나쁜 감정은 잠재의식을 틀린 방향으로 움직이는 원인이 되기도 한다.

목표를 정해야 했다. 사람에 따라서 다르지만 대부분 자신이 좋아하는 환경에서 좋아하는 것을 하면서 만족할 만한 수입으로 일할 수 있는 것을 택한다. 한 발자국 움직임으로 인해 기회가 찾아온 것 같다. 말도 안 되는 일을 해내기 위해 나는 다시 한 발자국 내딛고 있는 것이다. 단 하루라도 무언가가 새로운 것들을 배우려고 했던 나의 시간 속에 〈한책협〉은 나에게 마치 시냇물이 흐르듯 인생의 흐름을 타고 온 것 같다. 제일 힘든 시기에 만났다. 인연이 안 될 수도 있었지만 끌어당김의 법칙에 서 있는 것 같았다. 생각할 시간도 없었다. 무모하지만 나는 도전이라는 것에 한 발자국 내딛었다.

움직이지 않는 고인 물처럼 살지 말아야 한다. 흐름의 한복판으로 헤엄쳐 가야 한다. 도전을 용감하게 해야 한다. 새로운 것을 배우며 세상 속에 뿌려진 자신의 행복을 찾는 시간도 가져야 한다. 용감하지 못한 사람, 변화를 두려워하는 사람이라도 마음먹기에 따라 공포심을 쉽게 없앨 수도 있다는 생각이다.

하찮은 일일수록 더 열심히 해야 한다. 이제는 평생직장이 없다. 위기를 기회로 삼아 인생에 도전해야 한다. 세상이 참 어렵긴 하다. 열심히 살아왔지만 제자리걸음뿐이라면 기운이 나지 않을 수도 있다. 자기가 무엇을 원하고 있는지에 대한 고민을 하는 것, 그리고 자신의 행복이 어디에 있는지 헤아리는 길이다.

내 편이 아니라도 적을 만들지 마라

다양한 나의 모습을 살아 있게 하자

나는 극과 극이었다. 좋고 싫음을 확실히 하는 게 좋은 것인 줄 알았다. 우유부단한 성격을 아주 싫어했다. 완전히 내 마음에 맞는 사람을 찾기란 힘들다는 사실을 누구나 알고 있다. 나 또한 누군가에게는 마음에 드는 사람이 아니라는 것도 안다. 그래서 나는 내 편과 아닌 사람들을 분류하는 것이 가장 중요하다고 생각했다.

모든 조직에는 맘에 안 드는 사람이 꼭 존재한다. 동호회나 취미 활동하는 데도 마찬가지다. 아무 이익을 따지지 않는 곳에서도 적을 만들려고 하는 건 아니지만, 내 편이 될 것 같은 사람들과 소통하기를 바라는 마음이 컸다.

'내가 손절을 너무 많이 했나?'라는 생각이 든다. 그래서 누군가가 내 적이 될 가능성은 크다. 나중에 생각해보니 어떤 특정 부분에 실망해서 마음에 상처를 받고 손절을 하는 경우가 많았던 것 같다. 어떻게 보면 안 맞는 부분만 포기하면 나에게 우호적인 사람들이었다. 이러다 보니 사람들을 만나는 데 부정적이고, 철벽을 치고, 실망을 하게 되면 '내가 어떻게 해줬는데~!' 하는 생각으로 서운해지면서 손절하는 경우가 많았다.

사람에게 너무 기대가 컸다. 늘 주변에 사람이 있어야 했고, 외로움도 많이 겼다. 그래서 속단하고 실망하길 반복하면서 편견이 생겼다. 타인의 시선에 너무 민감해서 사람을 불신하고, 무례한 행동을 하면 피하고, 그러면서 스스로를 과잉보호하게 되어 적이 많아진 것 같다.

집 앞 Z여사님이 계신다. 새벽 장사를 하시는 분이다. 항상 집으로 가는 길목에 있어서 인사를 하며 지낸다. 그냥 서로 인사를 하는 관계 이상의 친분은 없다. 하지만 내 편인 것 같은 착각을 했다. 5년이라는 시간 동안 매일 같이 웃는 얼굴로 서로 주고받는 짧은 인사말에도 정이 들어 있었다.

어느 날부터 길고양이들의 엄마가 돼버렸다. 고양이들을 좋아하지는 않는다. 하지만 싫어하지도 않는다. 어느 날 어미가 새끼를 낳고 딱 한 마리가 숨을 가쁘게 쉬는 바람에 병원에 데리고 갔다. 죽을 고비를 넘나드는 생명을 일주일의 헌신으로 살려냈다. 뿌듯했다.

어쩌다 같이 살아가게 되었다. 지식 없이 반려묘를 키우기다보니 나의 살림살이는 다 망가지고 반려묘의 살림살이들이 늘어나게 되었다. 그렇게 1년 6개월의 시간동안 어른처럼 성장해준 덕분에 나는 생명 하나를 키웠다는 자부심이 들었다.

어느날 화장실이 급해 문 닫는 것을 잊어버렸다. 집 밖으로 나가본 적 없던 반려묘가 밖으로 탈출했다. 찾을 방법이 없었다. 그런데 시간이 조금 지나니 자지러지는 소리를 내며 방으로 들어와 침대 밑에서 떨고 있었다. 당황했다. 무서웠다. 한 번도 그런 적이 없어서 어쩔 줄 몰랐다.

달래다 보니 옆으로 찾아왔다. 자세히 보니 꼬리 쪽으로 칼을 맞았다. 오백 원 정도 크기의 구멍이 생겼다. 바로 동물 병원으로 뛰어갔다. 다행히 수술이 잘돼서 일상으로 돌아갔다. 하지만 흉터는 컸다.

집에 고양이가 있는 것도 Z여사님만 알고, 자꾸 장사하시는 분들에게 손해가 된다는 말들을 하기에 Z여사님을 의심하게 되었다. 인사말과 함께 고양이 안부를 묻는 이유까지 의심되면서, 급기야 빙 돌아서 집으로 가는 나를 발견했다. 나는 회피를 하고 있지만, Z여사님을 고양이에게 상처를 입힌 사람으로 의심하고 있었다. 마음으로 적을 만들고 있었다.

나는 사람에게 너무 예민하게 행동을 하는 편이란 말을 자주 듣는다. 나를 인지하는 게 필요했다. 세상엔 적도 있고 완전한 내 편도 있다. 나에게 적대적이지만 필요하다면 내 편을 들 수 있는 사람도 있고, 나에게는 우호적으로 보이지만 결정적인 순간에 자신의 이익에 따르는 사람도 있을 것이다. 우린 모두가 어쩌면 이런 과정을 겪으며 산다.

인간관계에서 이렇게든 저렇게든 하다 보면 '꼭 그렇게까지 해야 하나?'란 생각이 떠오를 때가 있다. 노력을 안 하고 싶어 하는 것을 느낄 때도 있지 않은가?

대부분의 사람들이 외로움과 인정 욕구의 결핍이 있어 충족하고자 하는 노력은 얼마든지 할 수 있지만, 모든 사람을 좋아하고 모든 사람에게 인정받기 원하는 사람들은 착각하고 있는 것 같다. 좋을 땐 좋지만 갈등이 생길 때 상대방이 웬만큼 나에게 소중하지 않고서는 그 갈등을 위해 엄청나게 노력하고 싶어하지 않는다. 대부분 불편하기 싫어서 노력하는 정도다. 모든 사람을 귀중하고 소중한 존재로 여긴다고 착각하지 말아야 한다. 배신감이라는 감정으로 견딜 수 없을지도 모른다.

인간관계의 크기를 1부터 10까지 다양하게 가져야 한다. 이 크기는 내 노력과 상대방의 노력으로 얼마든지 바뀔 수 있다. 가장 솔직하게 소통할 수 있는 사람은 완전히 낯선 사람일 수도 있다. 모든 관계는 다 나름의 의미가 있기에 소중히 여기되 너무 심각하게 생각하지는 말자. 나와 다른 게 아니라 처지가 다른 것이다.

나는 사람들이 필요하고 사람들과 잘 지내고 싶다. 의도하지 않았으나 섭섭해할 수 있다는 생각을 했다. 지나친 친밀함은 다른 사람들을 미워하는 감정을 생기게 할 수도 있다는 생각이 들었다. 너무 친밀한 사람들 사이에서 자기만 느끼는 거리가 멀게 느껴질 수 있다. 사람들과의 간격을 유지해야 하는 일이 일상에서도 많이 생긴다.

까다로운 사람이 언제나 존재한다. 까다로운 사람들을 적으로 만들지 말아야 한다. 모욕 대신 공감을 해주고, 남을 조종하는 사람이면 의도를 간파하며 그에게 조종당하는 상황에서 벗어나야 내 편이 많을 것이다.

버럭하는 마음을 빨리 내려놓고 싶었다. 한 템포 쉬어가는 느낌으로 가만히 있거나, 후회할 말을 하지 말아야 한다. 적을 만들지 않고, 공감을 잘하는 사람으로 많은 사람과 어울릴 수 있는 시간과 나를 찾는 사람들이 많이 있으면 한다. 상대의 행동이 마음에 들지 않는다고 해도 이해해주고, 서로의 대화와 의견을 존중하며 상대방을 인정해주는 여유 있는 사람이 되고 싶다.

해결책이 없는 사람들과는 관계를 끊어야 하는 것은 맞다. 한 번 맺은 관계가 영원한 것은 아니다. 관계가 변했다면 인정할 줄도 알아야 한다. 관계에서 자신이 얻는 이득까지 생각하게 된다. 먼저 관계를 깨트렸을 때 죄책감이 생길 수도 있다. 관계에 들어가면 나는 없어지는 상황이 많았다. 타인의 관점에서만 맞추려고 했다. 사람들은 자신을 먼저 생각하면 이기적이라는 꼬리표가 붙을까봐 두려워하는 것 같다. 분리된다는 걱정에 초조할 수도 있다.

날마다 변화되는 게 사람이다. 단계적으로 필요한 것들도 바뀌면서 인간관계가 변한다. 우리가 가만히 있어도 시간은 흐르고 모든 붙들고 싶은 것들도 때론 사라져 버린다. 친구, 동료, 연인, 가족도 시간이 흐르면서 변화를 맞닥 뜨린다. 기대와 관심은 관계에서 다양하게 변화한다. 처음 관계할 때의 그 순간에 멈춰버리면 갈등이 생길 수도 있다. 시간이 흐름에 따라서 친분과 경험이 변화하기 때문이다.

새로운 관계를 찾아야 한다. 세상 모든 것이 변하는 것은 사실이다. 거부감이 없는 사람들, 호불호가 갈리는 사람들, 일은 잘하는데 적이 많은 사람들, 각자의 성향이다. 내가 먼저 적을 만들다 보면 평판이 나빠진다. 가능한 한 적을 만들지 않아야 한다.

자리에 없는 사람을 비난하고 비판하는 것, 취향과 사생활에 대한 언급을 자제해야 한다. 내가 싫어하는 사람에게 싫어하는 티를 내지 말아야 한다. 판단하지 말고 그냥 그 존재로 받아들이고, 싫다, 좋다 하는 생각을 붙이지 않아야 한다.

적당한 거리를 유지하면서 적당히 친해 두는 것이 가장 좋을 수도 있다. 좋으니 싫으니 하고 지나치게 티를 내는 것은 안 좋다. 적을 만들려는 의도가 있어서가 아니라 아주 사소한 것들로 인해서 적이 되는 것이다.

너무 당연한 것들에 대해 당연하기 때문에 오히려 무시해왔던 것들이 쌓이면서 때론 진실이 거짓말보다 큰 상처가 되고, 100% 순금이 없듯이 완전한 인간은 없다. 자신의 단점에 너무 얽매이지 말자. 사람은 누구나 결점이 있다. 이 세상에 완벽한 사람은 없다. 내 안에 살아 있는 나, 다양한 나의 모습을 살아 있게 하자. 따라서 타인도 인정해주는 것이다. 옛말에 적일수록 가까이 두라는 말이 있다. 오랫동안 등 돌린 채 두지 말자. 그리고 언제든 볼 수 있게 내 눈앞에 상대를 두어보자. 적이 시간이 지나면 내 편이 될 수 있게 상대가 아닌 나를 위해 베풀어줘라.

너는 나에게 상처를 줄 수 없다

자존감을 살리기 위한 최소한의 노력은 스스로 해보자

'누구도 나를 함부로 하게 내버려 두지 마라. 상처받기를 거부한다.'

머릿속에 이 말을 아주 그냥 새겨놓을 정도로 상처에 대한 심각한 시간을 오래 보냈다. 낮은 자존감으로 사람들이 주는 상처에 더욱 취약하게 되어버리고, 상처를 많이 받으면 받을수록 자존감은 더욱 떨어졌다.

나는 자존심 높고 자존감이 바닥이었다. 그래서 몇십 년을 으르렁 대면서 자기 방어에 다른 자아를 만들어내며 살았다. 완벽해지려고 노력하고, 타인이 좋아할 만한 일을 하려고 무단히 애를 썼다.

인정을 받고자 하는 욕구만 있었다. 완벽한 상황이 안 되고 못 미치면 다른 사람이 충분이 인정을 해주지 않을 경우에 자존감은 더욱 하락했다. 나 자신을 위한 삶을 산다고 하면서 나를 제대로 이해해주지 않았던 내가 나의 낮은 자존감과 나의 열등감을 맞이하게 되었다.

나는 앞으로 어떻게 살아갈까? 헤어나오기 힘든 상처의 악순환이 됐던 상처의 굴레에 갇힌 나의 마음을 어떻게 해야 하는지 오늘부터 마주하며 글을 써보고 있다.

때로는 우리의 의지와 상관없이 상처를 받는 일도 있다. 상처를 받는다는 것은 마음이 상했다는 감정을 느낀다는 의미이기도 하다. 주로 이러한 상한 마음은 모욕감과 수치심 등의 감정으로 나타나는데 자존심이 뭉개지고 자존감이 열등감으로 키워지는 순간 우리가 느끼는 감정은 생각보다 크다. 그리고 가까운 사람이나 모르는 사람에게도 상처를 받는다.

무엇인가 처음 시작할 때 사람들의 반응은 차갑다. 이것저것 조금씩만 할 줄 아는 것에 나는 굉장히 뿌듯해하며 살아왔다. 하지만 사람들은 어느 분야에 전문적으로 오랫동안 몸담지 않으면 무시했다. 모두가 그런 것은 아니지만 대부분 그랬다.

제주도 여행 스냅 일을 시작하면서 주변에서는 갑작스럽게 진행하는 것에 의아해하며 나를 무시하거나 걱정하거나 얼마 가지 못할 거란 말을 했다. 나는 그런 마음을 이해한다. 쉽지 않은 일이기도 했다. 하지만 정말 재미있고, 내가 하고 싶어 하는 일이었다. 일을 시작한 지 3년 동안 나의 일에 대한 이야기를 주변에 하지 않았다.

워밍업으로 홍보용 사진들이 필요했고, 실전 테스트를 하기 시작했다. 겨울인데도 등에 땀이 줄줄 흐를 정도로 애정을 쏟고 긴장을 하며 작업을 했다. 말 그대로 정신이 없었다. 그렇게 시간이 흘렀고, 지금은 전문가가 되었다.

처음 시작한 것이 웨딩 촬영이다. 한 팀에 3명의 프로들과 소통해야 했다. 드레스, 메이크업, 사진 작가. 메이크업은 솔직히 잘 모른다. 일상의 화장을 좋아하지도 않았고, 웨딩 메이크업은 더더욱 모른다.

업체와의 계약이 되어 있었다. 메이크업 실장의 진행에 나의 첫 손님이 메이크업을 시작했다. 강남권에서 유명하다는 이야기를 이미 들었다. 나는 중요하게 생각하지 않았다. 나는 무조건 손님이 마음에 들어야 하는 것에 초점을 맞추었다. 실력이 있으면 당연히 좋겠단 생각이다.

중간중간 신부에게 사인을 보내면서 진행을 하고 있었다. 첫 신부 화장을 하는 신부의 긴장감과 설렘을 모두 받아주는 메이크업 실장이었으면 했다. 점점 신부의 얼굴이 굳어가는 느낌이 들었다. 중간에 한 번 한 템포 쉬면서 질문을 하였다.

"신부님, 어디 불편하세요?"

신부가 갸우뚱거리며 약간 불안하고 초조한 듯이 말을 했다. 너무 단조롭고 어색하다는 것이었다. 어색한 신부를 사이에 두고 나는 실장을 바라보며 사인을 보냈다. 신부에게 안심을 시켜 준다든가 아님 어떤 것을 원하는지에 대한 질문을 하기를 바랐다. 신부와 소통하기를 원했던 것이다. 아무 말 않고 진행하다 보니 어색한 기류가 느껴졌지만, 내가 너무 수다스러우면 옆에 일하는 사람이 불편할까 봐 말을 아끼면서 진행했다.

그러나 실장은 나를 원망하며, 메이크업은 자기가 최고니깐 자기가 알아서 어련히 진행하니 잔소리를 하지 말라고 했다. 그녀의 말에 분노가 치밀었다. 지적질을 하는 실장의 말이 상처가 되었다.

상처로부터 지켜줄 사람은 나 자신이다. 누군가가 상처를 주면 분노하며 다가오지 말라는 사람들은 경고를 한다. 열등감이 상승해서 균형을 잃기 시작하면 자존감은 더욱 하락한다는 이유이다. 사람들이 마음에 상처를 받았을 때 일반적인 반응은 분노와 자책이다. 상처를 받았다는 느낌으로 인해 분노의 감정을 느끼고, 상대방에게 복수심까지 생긴다. '나에게 그런 말을 했으면 너도 한번 그런 말을 들어봐.'라는 식의 심리일 것이다.

당장 터질 것 같은 분노에 휩싸이면 사람들은 용서를 말하는 것에 박해진다. 그러나 진정한 용서는 상처를 준 사람을 면죄해주는 것이 아니라 내 마음에 쌓인 원망과 분노를 내려놓고자 하는 것으로 생각한다.

용서하라는 말을 사람들은 너무 쉽게 말을 했다. 내 마음 어딘가 지워지지 않고 좀비처럼 살아남은 분노가 가끔 괴롭혀서 힘들 수도 있다. 일이 뜻대로 되지 않을 때 책임을 져야 하는 마음에서 자책도 할 수 있다. 주위에서 일어나는 모든 일을 자신과 연관 지어 생각하며 자신에게 대부분의 책임을 돌리는 경우가 많을 것이다. 세상은 자기중심으로 돌아가지는 않는다.

상처가 두려워 골방에 처박혀 자기 연민에 빠지면 안 된다. 우리는 하찮은 존재가 아니다. 모두에게 인정받고, 존중받고, 사랑받고 싶어 하는 욕구가 원하는 인생을 꾸려 가게 하는 원동력이 되기도 한다. 분노와 자책을 버리는 연습을 하자.

카를 바르트는 어느 누구도 과거로 돌아가서 새롭게 시작할 순 없지만, 지금부터 시작하여 새로운 결말을 맺을 수는 있다고 말했다. 어찌해도 인생에 상처를 완벽하게 차단할 수는 없다. 상대가 의도하지 않아도 상처가 될 수 있기 때문이다.

하지만 우리가 선택할 수 있다. 상처를 받을지, 아니면 그 문제를 그저 상대의 문제로 남겨둘 것인지. 상처를 받았다는 것은 누군가 나에게 상처를 주는 행위를 했다는 것이 아니라, 그 행위로 생긴 나의 감정 때문이다. 원인이 따로 있는 것이다.

내 마음속에 감정이 올라오면서 판단하는 말을 떠올린다. 감정을 스스로 일으키면서 결국 상처를 만들어낸다. 바로 나 자신이 사건을 어떻게 받아들이냐에 따라 상처가 남기도, 안 남기도 하는 것이다. 상처가 남는 것은 우리가 사람들 속에서 모든 말과 행동에 의미를 부여하기 때문일 수 있다. 다른 사람들이 자신에 대해 어떻게 평가하는지 늘 관찰하고 신경을 곤두세우는 일을 멈춰야 한다는 사실을 우리는 마음 깊이 알아야 한다. 상대가 무슨 말을 하든, 무슨 행동을 하든 결국 상처받는 사람은 자신이다.

다른 사람의 인정에 매달리지 말고 자신의 인생을 인정해주며 살아야 한다. 타인의 인정 욕구에 의해 상처받는 사람들은 타인의 칭찬이나 인정 없이는 행복하지 않다. 평생 자신에게 칭찬하고 인정하는 사람은 결코 없다. 다만 나 스스로 칭찬하며 인정하다 보면 자존감이 올라가면서 있는 그대로의 나를 인정하고 사랑할 수 있다. 주위의 평가에 매달리지 않게 되고, 자신의 장점과 단점을 발견하며 행복하게 살아갈 수 있다.

자존감을 살리기 위해, 비난이나 비판, 그리고 무관심에 흔들리지 않게 최소한의 노력을 스스로 해보자. 더 이상 내 감정을 다른 이에게 의존하지 않아야 상처에서 벗어날 수 있다.

5장.

오늘부터

행복한 사람이 되라

오늘부터 행복한 사람이 되라

자기 확신이 있는 사람이 행복하다

좋은 사람 콤플렉스와 타인의 시선에 대한 강박으로 살아왔던 시간들이 많았다. 행복은 이미 나에게 많이 주어져 있었다. 행복은 생각하는 관점이 사람마다 다르기에 내 안에 좋은 것들이 많이 들어올 때 느껴지는 것 같다. 우리의 뇌에는 '거울 뉴런'이라는 세포가 있다고 한다. 옆 사람이 웃으면 나도 모르게 함께 웃고, 친하지 않은 사람일지라도 슬퍼하면 함께 슬퍼지는 것이라 한다. 나는 나의 노력에 따라 주변 사람들이 행복해하면서 그로 인해 나의 행복이 결정되는 줄 알았다. 그러나 행복의 키는 내가 쥐고 있다.

나의 경험들은 든든한 지팡이가 되고, 나를 넘어뜨린 바람은 상황이나 사건이었다. 글을 쓰면서 오랜 세월 동안 힘든 시간을 버텨내고 있었다. 책 쓰기까지의 과정을 보면 믿어지지 않을 만큼 나의 의식이 성장하고 있었다. 의식이 성장하여 미친 꿈에 도전하면서 행복이 시작되었다.

불과 몇 달 전 코로나19로 인해 폐업을 선택하면서 원망과 분노가 극도로 컸다. 어느 사이 지금, 이 순간 할 수 있는 일에 집중하면서 내 안에 행복감이 쌓이기 시작했다.

잘해야 한다는 강박과 남과 비교하는 습관으로 스트레스가 많았다. 책 쓰기에서도 남과 비교하는 습관이 나타났다. 비교하는 나의 감정을 지켜보았다. 제일 늦게 꼭지가 완성되었다.

방향을 잡기 위해서 다른 사람들보다 뒤처진 나를 타인과 비교했지만, 다른 사람들과 같아져야 한다는 강박을 느끼지는 않았다. 나만의 방식으로 항해를 해야 하는 것을 알기 때문에 그런지도 모르겠다. 다른 사람보다 꼭지 완성이 2일 정도 늦었지만 행복했다. 스스로 포기하지 않고 비교하는 것도 받아들이니 완성했다는 것에 대한 성취감은 최고였다.

행복한 것은 감정이었다. 감정은 온전히 내가 결정하는 것인데도 불구하고, 불안과 걱정을 많이 느끼는 것 때문에 어떤 순간에도 행복과는 거리가 먼 삶이라고 생각했다. 그래서 지금 나의 감정을 봐야 하는 것이다.

책 쓰기를 하면서 스트레스를 받을 줄 알았다. 기본적으로 일을 하면서 책을 쓰기란 결코 쉬운 일이 아니었다. 하지만 모두에게 똑같이 주어진 24시간을 쪼갠다. 알차게 그 시간 속으로 끌고 들어가는 나의 행동에서 행복한 사람이 되어가고 있었다.

주위 사람들의 반응에도 신경을 안 쓰며 달려가보기는 처음이다. 온종일 책상에 앉아 써보는 시간도 행복했다. 엉덩이에 열독이 날 정도로 뜨거웠다. 화장실에 갈 시간도 아깝고, 밥 먹을 시간도 아까운 마음이 들면서 피식 웃음이 나왔다. 당장 오늘부터 자신의 행복을 선택해야 한다.

행복은 상대적이다. 책 쓰기를 한다는 것은 무모할 수 있다. 사실 해보기 전까지는 아무도 알 수가 없다. 나도 모르는데 다른 사람들은 더더욱 모를 수밖에 없다. 잘되고 있는지, 맞는지 하는 중에도 모른다.

그래서 부정적인 생각이 들어올 수 있다. "책을 써서 뭐 해?", "쓸 수나 있겠어?", "시간 낭비야!" 등. 무엇인가를 시작할 때 두려움이 당연히 동반된다. 생각했던 방향에서 어려움도 있을 수 있다. 좋은 곳으로 향하는 중이라는 믿음이 중요하다.

낚시를 하다 보면 힘든 날에는 바다에 고기들이 노는 모습만 봐도, 커다란 바위와 암초에 낚시바늘이 걸려도 기분 나쁘지 않을 때가 있다. 가만히 바다를 들여다보다 보면 다른 물줄기와 합쳐지면서 멋진 풍경을 볼 수도 있다. 이처럼 흘러가는 과정에서 자신의 감정을 잘 지켜보며 "나 이러고 있구나." 인지하며 흘러가고 있다. 흘러가고 있는 것들을 감정에 맞닥뜨리고 지켜봤다.

나도 하루 2시간 잠을 자면서 해낼 것이라고는 생각을 못 했다. 없던 에너지가 생기는 것 같다. 나의 행복을 선택했기에 내가 즐겁고 행복한 것이었다.

운동을 꾸준히 한 적이 없다. 책을 쓰려니 체력이 있어야겠다고 생각했다. 가끔 마라톤에 드문드문 참가했다. 마라톤 뛰기 전에 몇 번의 준비 운동으로 동네 한 바퀴 돌며 운동한 것밖에 없다.

요즘은 규칙적인 운동을 습관화하기 시작했다. 꾸준히 트라이앵글을 켜고 집 주변을 걷기 시작했다. 100m를 쉬지 않고 달려본 적이 학창 시절 외엔 없다. 동네 한 바퀴를 돌며 나는 600m 정도의 거리를 뛰었다. 뛰면서도 깜짝 놀랐다.

'뭐야, 지금 내가 뛰고 있는 거야?'

굉장히 신나서 목적지를 정해둔 곳까지 쉬지 않고 달렸다. 이것 또한 내가 느껴보지 못한 전율이었다. 조금씩 걷기도 했지만 쉬지 않고 달려본 건 처음이었다. 처음은 원래 힘들고 어려운 것으로만 생각했던 나의 마음이 신나서 춤을 추고 있었다.

코로나19로 인해 마라톤은 진행되지는 않지만, 나중에 기회가 될 때 멋지게 기록 경신을 하고 싶은 마음이 들었다. 더운 여름 어느 날 온몸이 땀으로 행복을 만끽하며 샤워하고 누워 있는 내가 정말 행복하다고 생각했다. '나는

오늘부터 행복한 사람이 되는 법을 가르쳐드립니다

행복하네~!!!'

강박으로 인해 자존심이 강했고 보이는 것에 굉장한 열등감을 느꼈다. 내일의 행복이 좌절되고 실패할까봐 불안하고, 한순간 어떤 것으로 인해 결정되거나 판단되지 않더라도 초조하고 불안했다.

지금 내가 불행한 것이 아니라 과거의 감정이 불행한 것이었다. 지금, 이 순간을 살지 못하고 과거에 사는 시간이 많았다. 지금 불행하다면 불행한 상상을 현실로 받아들이기 때문이다. 뇌를 통제해야 하는 이유다. 행복과는 다르게 불행은 시시때때로 찾아 들어오는 것을 알아야 한다.

나의 가치는 다른 사람에 의해 결정될 수 없는 것이다. 나의 가치는 내가 결정한다. 지금의 순간들에서 행복을 얻으려면 자신을 사랑하는 법부터 배워야 한다. 사회에서는 먼저 타인을 사랑하라고 가르친다. 내가 어떤 사람인지 스스로 알아보고 인정해야 한다. 보기 싫은 모습을 싫다고 거부하지 말고 인정해야 한다.

책 쓰기 과정 속에서 나에 대한 생각을 많이 했다. 사람 말을 끝까지 듣지도 않고, 과제에 대한 생각을 정확하게 인지하지 않는 습관이 있었다. 얼렁뚱땅 하는 나의 행동이 있었다.

일하면서 과제를 하는 것으로 나는 내가 최선을 다한다고 생각했다. 그것이 최선이 아니었다. 틀린 것이었다. 〈한책협〉 대표님이 새벽에 숙제 검사를 하시면서 꼭 십어주셨나. 인성하고 싶시 않았나. 회피하고 싶있나. 하시만 모든 문제는 사실이었다.

이런 내 모습 때문에 여태껏 나의 삶에서 어떤 결과가 나왔는지 살펴봤다. 나에게 맞는 솔루션이었다. 있는 그대로 100% 받아들이는 내가 되기로 했다.

사람을 믿어서 상처받는 것이 아니라, 그 사람에게 나를 의지하고 집착하는 것을 알았다. 의존성이 강한 나였다. 사람에게 상처를 받는 것이었다. 자신에게 일어나는 일은 자신에게 원인이 있다. 자신을 바라보고 변화하고 성장하는 사람이 행복할 수 있는 사람이 된다.

원망하고 탓할 대상을 찾아서 자신을 가리고 그럴듯한 이미지로 자신을 가리며 살았던 것 같다. 자신을 정확히 보고 인정하고 변화되는 성장 과정에서 세상도 보였다. 좋은 이야기를 듣는다고 사람이 바뀌는 것은 아니다. 다른 사람들이 눈에서 나를 인정해주기를 기대하지 않아야 한다. 다른 사람의 행동에 휘둘리지 말고, 자기 확신이 있는 사람이 행복하다.

누구나 우월감과 열등감이 있다. 상대적 기대치가 있어서 그 어떤 사람도 편견에서 벗어날 수 없다. 오늘부터 행복한 사람이 되어라. 당신도 행복한 사람이 될 자격이 있고 될 수 있다.

나 자신에게 오롯이 집중하라

나를 위해 살아간다는 것 자체가 매력적이다

보여주기 위한 글을 적어보지 않았다. 나에게만 쓰는 것에 익숙하다. 그래서 연습을 해보았다. 나는 스냅 촬영이 끝나고 나면 짧은 글을 적을 수 있는 편지지를 줬다. 대부분의 사람은 타인을 위해 쓰려고 한다. 하지만 나는 본인 자신에게 쓰라고 했다. 시간이 지나 나에게 편지를 보여주면 새로운 행복이 있다는 걸 알고 있기 때문이다.

우리는 '행복해지고 싶다면 자기 자신에게 집중하라'라는 말을 많이 한다. 다 아는 사실이면서도 사람들은 외면해버린다. 나에게만 집중하면 어색해한다. 개인보다는 사회가 요구하는 행동을 한다. 타인에 대한 배려가 우선이고 당연하다는 교육을 받았다. 나보다는 타인에게 맞춰진 삶이었다.

많은 사람이 자신에 대한 것들을 모른다. 좋아하는 일도, 하고 싶은 일도 찾으려고 하지 않는 마음 때문일 것이다. 나답게 사는 것은 스스로 판단하고 결정하는 법을 익히는 일이기 때문에 자신의 이해를 바탕으로 결정해야 한다. 어떻게 살아왔는지 행복한 사람인지, 남과 다른 게 무엇인지, 나 다운 삶을 시작해야 했다. '시작이 반이다.'라는 말이 있다. 나에게 집중하고 싶은 마음이 생기는 것도 시작이다. 무엇이든 시작은 설레면서 두렵기도 하고 어렵다.

어느 날 운동을 하고 있는데 멀리서 보이는 멋진 자세에 멈춰 섰다. 몇 년 전부터 관심은 있었지만 지나가버렸다. 폴 댄스였다. 야외에서 프로필 사진을 담고 있었다. 한참을 매료되어 바라보았다. 멋지고 날씬한 몸으로 바다와 어울려져서 환상적이었다.

어릴 적부터 나는 춤을 좋아했다. 고전 무용을 소싯적에 좋아했다. 학창 시절 몇 년을 춤만 추고 다녔다. 그 뒤로도 성인이 되어서 가끔 춤을 추고 싶어서 무료 단체에서 배우기도 했다. 그런 마음이 들어서 그런지 사람들의 시선을 한몸에 받으면서 사진을 찍는 수강생들이 다들 멋졌다. 원장의 명함을 받고 한참을 구경하다 다시 운동하기 시작했다. 운동하는 내내 폴 댄스에 대한 관심은 식을 줄 몰랐다. 가슴이 뛰었다. 이번에는 꼭 "배우고 말겠어."라고 다짐을 하는 나를 보았다. 바로 수강 신청을 했다.

내 인생에 대해 집중적으로 고민했다. 좀 더 솔직하게 말하면 우리 나이의 부모님들이 표현하는 것에 서툴고 방법도 모를 수 있다. 솔직하게 표현하는 것도, 우리가 겪는 수많은 감정도 이미 어릴 적부터 절대적으로 눌러야 하는 감정으로 받아들였다. 많은 것을 얻기 위해서는 무엇이든지 직접 경험하고 겪어봐야 한다. 나답게 살아가도록 선택하는 것에 용기를 가져야 했다. 오롯이 나에게 솔직한 표현을 하는 것보다는 적당히 감추는 것을 당연한 것처럼 여겼다.

나는 내가 좀 손해를 보더라도 괜찮다고 생각했다. 이런 생각을 하다 보니 사람들이 점점 당연하다고 생각하는 부분들이 많아지는 것들을 느끼기 시작했다. 나보다는 남을 먼저 생각하는 패턴이 강하다 보니 생각지도 못했던 감정들과 섭섭함이 한 번씩 찾아 들어오는 것들을 느꼈다. 어느 순간부터 나를 위해 좋아하는 음식, 좋아하는 것들, 약속을 하더라도 타인 위주였던 것들이 나를 위해 한 번씩 표현을 해봤다.

가끔은 열심히 살아왔지만 마음이 헛헛할 때가 있다. 먹어도 먹는 것 같지 않아서 계속 먹게 되는 현상도 있었다. 타인에게 인정받는 것을 위해 살았다. 그러다 보니 인정을 해주지 않으면서 찾아오는 것들이 너무 힘들었다. 감정의 소용돌이에서 내가 할 수 있는 게 없었다. 우울증이라는 병을 가지게 되었다. 나를 주체하지 못할 정도로 정신이 어지럽고 생각에 생각이 끝없이 흘러가다 보니 부정적인 것들이 분노로 많이 남아 있었다.

죽을 고비를 넘기면서 한 박자, 타인들에 대한 것들을 내려놓기 시작하면서 마음이 조금 편안해지는 것들을 느낄 수가 있었다. 인생이 안정되는 시점에서 나는 바람을 만나서 전부를 놓아 버렸다. 그 후 남는 마음은 공허했고 넉넉한 웃음이 있을 것 같은 마음엔 독만 남아 있었다.

그 후 나는 나에게만 오롯이 집중하고 싶었다. 남이 아닌 나를 위해서 살기 시작했다. 받았던 고통 사이에서 가끔은 삶이 계획대로 되지 않는 것들에 대해 이유가 무엇인지 새롭게 살아가고 싶은 도전과 함께 행복해지고 싶었다.

나를 위해 살아간다는 자체는 매력적이었다. 내가 선택하고 하고자 하는 일에 대한 것에도 재미와 즐거움이 있기에 에너지가 생겨나면서 적극적인 나를 발견했다. 타인에게 신경 쓰지 않게 되면서 조금은 이기적인 나로 변하는 모습도 보았다. 내가 싫으면 하지 않는다. 남에게 인정받으려고 했던 것들이 줄어들면서 자유롭고 복잡했던 행동들도 단순해지고 있다.

나에게 집중을 하다 보니 나를 위한 물건들도 구입하기 시작했다. 가끔 용돈이 생기면 다른 사람들이 필요한 것들을 채워주기 바빴다. 나에게 쓰는 금액보다 남들에게 쓰는 금액이 많았다. 이제는 바뀌었다. 해보지 않는 것들이 조금은 어색했지만 스스로 보상하듯 나에게 집중하기 시작하면서 외형적인 부분들도 많이 변하기 시작했다. 내가 이기적으로 바뀌어도 주변은 아무 문제가 없었다. 점점 타인의 시선에 대한 강박감이 사라지고 있었다.

오늘부터 행복한 사람이 되는 법을 가르쳐드립니다

친구가 나의 생일에 무엇을 받고 싶은지 생각해보고 말해주라고 했다. 아무것도 없다. 사실은 무엇이 가지고 싶은지 모르겠다.

'생일인데 필요한 게 뭘까? 왜 생각이 안 나지?'

헛헛함과 공허함이 마음으로 슬며시 찾아왔다. 나는 타인의 생일만큼은 그 주인공에게 의미 있는 날이라 생각해서 챙겨주는 것을 중요시했다. 하지만 정작 내 생일엔 그게 그냥 싫었다. 누구든 말하지 않으면 무엇을 원하는지 모르는 건 당연하다. 남의 관점에서 일일이 헤아리고 배려하며 살 수 있는 존재가 아닌 것 같다. 결정 장애도 아니었지만 나의 욕구를 말하는 것조차 나는 힘들어했었다.

하지만 이제는 내가 원하는 것들 꼭 짚어 말을 한다. 나의 진짜 감정을 표현하면서부터 나를 알아가는 것 같고, 가끔은 당황스러울 만큼 나에게 집중하는 내가 신기하기도 하다.

소소하게 몇 명만이 모이는 자리는 굉장히 좋아한다. 단체생활을 할 때 사람들과 이야기하다 보면 어느새 갑자기 조용해져버리는 나를 본다. 듣기만한다. 약간의 어색함도 있지만 집중하지 못하고 버티며 눈치를 보는 내가 있었다. 타인의 시선을 부담스러워하는 내가 싫다. 남을 신경 쓰느라 내가 원하는 것을 못 할 때가 많았던 것 같다. 그냥 착하다는 소리와 좋은 사람이 되고 싶었던 시간이었던 것 같다. 이제는 나에게 집중하는 시간이 늘어나면서 나를 사랑하는 방법들을 하나씩 실천하고 있다.

나를 위해 시작한 것들이 많다. 글을 쓰기 시작했고 폴 댄스 학원에 등록했다. 내 나이가 어때서 안 해본 것이 어때서 이런 편견을 무시하고 무조건 내가 원하는 것을 하고 있다. 하루하루 벅찬 기분이고 시작은 엉뚱했지만 그래도 무엇인가를 나만을 위해 내가 하고 있다는 것에 많은 긍정적인 에너지가 나에게 돌아왔다. 한 번뿐인 인생이라 하고 싶은 것들은 다 하고 싶다. 그리고 누구도 나를 대신할 수도 느낄 수 없는 것들이다. 자신이 하는 일과 자신의 위치는 자신만이 정할 수 있다.

누군가가 자신을 중요한 인물이라고 느끼게 해주었으면 하는 모습도 우리에겐 존재한다. 오롯이 자기에게 집중하는 사람들이 긍정적인 사람으로 살아갈 수가 있다. 실제로 우리는 자신에 대해 자신 있게 말하고 싶은 마음이 있지 않은가? 그리고 오롯이 나에 대해 인정받고 싶지 않은가? 내가 나를 일으키면서 일어나지 못한 사람을 위해서 무언가 지팡이 역할을 주고 싶다는 생각을 한다.

당신의 인생은 지금부터 시작이다

거친 나의 숨소리를 건네주고 왔다

드라마 〈이태원 클라쓰〉를 우연히 봤다. 박새로이에 흠뻑 빠져 있었다. 대사 중에 가장 강력하게 다가왔던 "내 가치를 네가 정하지 마.", "사람은 소신 있게 살아야 한다. 앞으로도 그렇게 살고 싶기 때문이다." 등등 주옥같은 명언들로 평소 TV를 안 보는 나도 세상 모르고 봤던 기억이 있다.

'시작'이라는 노래를 들으면 운동장 100바퀴를 뛸 수 있을 것 같은 에너지를 받았다. 인생 절반도 아직 안 살았다. 어찌 보면 중년이라는 말에 다시 시작할 수 없다는 생각도 할 것이다. 또 어떻게 보면 또 다른 시작을 해야 하는 시간일 수도 있다.

내가 먼저 바뀌어야 한다. 작은 것부터 바꿔야 한다. 긍정적으로 말을 하는 것만으로도 인생이 바뀐다고 했다. 다른 사람이 틀렸다고 하면 인정할 줄 알아야 한다.

"20년 뒤에 했던 일보단 하지 않았던 일 때문에 더 실망할 것이다. 그러니 밧줄을 풀고 안전한 항구를 떠나라. 탐험하라. 꿈꾸라. 발견하라."

마크 트웨인이 한 말이다. 실패 없는 인생에는 성공도 없다. 모두가 성공의 속도와 방향도 다르기에 나는 지금의 시련을 견디며 딛고 일어나고 싶은 것이다. 몇 번의 실수와 실패로 인해 경제적 손실이 많이 컸다. 쉽지 않은 선택들로 인해서 분노와 원망을 안고 살았다. 꾹꾹 누르고 살았던 것들을 이제는 털어낼 수 있는 용기와 시간이 주어진 것 같다.

'행복해? 불행해? 행복은 무엇일까?' 하는 생각들을 해봤다. 요즘 무척이나 행복하다는 느낌이 든다. 행복의 사전적 정의는 '복된 좋은 운수' 그리고 '생활에서 충분한 만족과 기쁨을 느끼어 흐뭇한, 또는 그런 상태'이다. 스스로 찾아본 행복은 너무 많다는 사실,

"요즘 무슨 일 있어?"

주위 사람들이 대부분의 질문이다. "아니. 없어요. 그냥 내 인생을 정리할

수 있는 시간인 것 같아요."라고 대답했다. 얼굴이 너무 좋아 보여서 무슨 좋은 일이 있는 줄 안다. 그렇다. 요즘 나는 행복하다. 울며불며 지난 과거의 아픈 감정들과 마주하며 잘못된 선택과 잘못된 생각들을 돌이켜보면서 나는 성장하고 있는 걸 느낀다.

나의 상처를 마주하지 않았고 회피하고 싶었던 이야기들을 적어내면서 혼자 힘들어했던 그때의 나의 감정을 다스려보면서 또 다른 나를 만나게 된다.

방구석에서 초조했던 감정들, 위로받고 싶었던 마음들, 속이 타들어가도 말 못 한 사연들, 누구 하나 인정해주지 않는 것 같은 외로움들 전부 나 스스로 안고 있다는 것이다.

쉽지 않은 공부를 시작하면서 버벅거리며 배우고 있지만, 몇 번의 반복으로 하나하나 배워가며 만들어내는 것들, 한 번도 포기하지 않고 실패해도 도전해버리는 겁 없는 나의 마음에 한없이 손뼉을 치고 있다.

오늘보다 더 나은 내일을 바란다면 긍정적으로 생각하고 자신이 최선을 다해야 한다. 누구와 비교하지 말고 오늘과 내일의 자신에게만 비교해야 한다. '어떻게 살 것인가? 무엇을 하며 먹고살 것인가? 내가 할 수 있는 것들을 어떻게 하며 나만의 경쟁력으로 만들 수 있을까?' 하는 고민을 해본다.

생각한 것보다 타인들은 나에게 관심이 없다. 타인의 시선에서 벗어나는 게 제일 중요했다. 자기 위로, 자기 합리화를 많이 했다. 나쁜 것으로 생각했는데 어느 정도는 필요한지도 모르겠다는 생각이 든다. 다시 삶을 긍정적으로 사랑하려 자신을 합리화하는 것이 나쁘지 않다는 생각이 든다. 나는 내 삶을 위해 천 번이고 나의 합리화를 하며 살고 싶기도 하다. 내가 내 인생을 사랑하지 않으면 누가 내 인생을 사랑해주겠는가.

행복해지려 계속 노력했다. 하지만 계속 불행했다고 생각했다. 결과적으로는 내가 인생의 방향을 잘못 잡은 것이라는 탓을 했다. 잘 살아낸 나를 위로해주지 않았다.

꿈꾸는 대로 되지 못한다고 인생이 끝나는 것은 아니다. 어쩌다 어른이 된 지금도 내 마음대로 되는 게 하나도 없다. 나는 어릴 적 세계 곳곳으로 춤을 추러 다니는 사람이 될 줄 알았다. 여행하며 춤추고 돌아다니는 삶, 철없는 꿈이지만 기분은 좋다. 꿈꾸던 나의 모습이 생각나기 때문이다. 누구나 꿈꾸는 모습은 있을 것이다. 꿈을 이룬 사람들도 있고, 대부분 꿈을 꾸면서 살아갈 것이다.

코로나19로 다들 온라인이 붐이다. 이전부터 대세이긴 했지만, 코로나 이후 시간은 5년 더 빨리, 우리 삶은 변화하고 있다. 온라인을 공부해야 하는 상황이다. 전체적인 분위기가 위기를 기회로 잡으려고 하는 사람들과 사회적 분위기를 타며 다시 우리는 무엇인가를 공부해야 한다. 버겁긴 하다. 귀찮기도 하다. 편하고도 싶다.

지금 변화하는 시대에 맞춰서 살아내는 사람이 행복한 사람처럼 느껴지기도 한다. SNS, 온라인 마케팅, 인플루언서, 블로그, 라이브 쇼핑, 유튜브 등 사회는 전혀 예상하지 않았던 곳으로 흘러가고 있다. 학력도 지인도 자격 조건도 필요 없어지고 실력만 있으면 되는 세상, 요즘은 정말로 멋진 세상이 된 것 같다. 어쩌면 정말 위기가 기회인 사람들이 많을 것 같다는 생각도 했다. 모두가 처음부터 다시 시작하는 인생이 될 수 있는 시대, 단군 이래 처음일 것도 같다.

한 달 동안 8시간씩 책을 보며 강의를 들었다. 학교 다닐 때도 공부 안 했던 나인데, '뭐 먹고 살지' 하는 생각에 사람이 이렇게도 바뀌는 것을 알았다. 지금 생각해보면 공부하는 동안 골반이 빠져나가는 기분이고, 어깨가 통나무처럼 묵직한 무게를 견뎌야 했다. 글을 쓰다가 잊어버릴까 느낌을 받을 때 써야 하는 것처럼, 사람은 타이밍도 무시하면 안 된다.

못할 게 없는 세상이 지금이다. 넘쳐 나는 정보들을 정리해서 어떤 한 자료가 나오는 게 매력적이지 않은가? 큐레이션이라는 직업에도 굉장한 매력이 있는 것 같다는 생각을 했다.

사회가 전체적인 정신적 공황 상태다. 나 역시 정신적 공황을 겪고 있다. 그러기에 누구나 힘든 과정을 겪으면서 이겨내는 동지애도 느끼고, 외로운 사람들끼리는 응원도 해주고, 너도, 나도 다 아는 아픔들이 가득한 지금 이 시대이다. 잘 감싸주고 잘 이해해줘야 한다.

"인생은 속도가 아니라 방향이다."라고 괴테가 말했다. 어디로 열심히 달려왔는가? 어디에 열심히 나의 열성을 쏟아냈는가? 어디에서 멈춰 쉬어야 하는가? 아무리 생각해도 내가 어디로 갈지 모를 때가 많다. 딱히 굉장한 무언가를 품은 것도 아니지만 중년이라는 나이에 실패를 받아들이는 것처럼 마음은 싱숭생숭하는 게 당연한 생각인 것 같다.

웬만한 일로는 흔들리지 않고 무시하며 살아왔는데 또다시 엄청 흔들리는 나에게 응원을 해야 한다. 아무리 튼튼한 자루라도 무거운 것들을 넣어 두면 삭아버리고, 찢어져버린다. 세상에 하나뿐인 아름다운 존재라고 해도 아깝지 않은 나를 위해 새롭게 시작해야 할 것이다.

수치심과 강박을 가지고 있던 한라산을 몇십 년 만에 오르게 되었다. 정말 싫었던 기억에서 벗어나고 싶었다. 지금은 든든한 지원자들 덕분에 안정된 산행이라는 생각에서 도전을 해봤다. 겨울 한라산 등반을 처음 할 때 일이다. 주변 조촐한 지인들이 모여 만든 돌멩이산악회와 함께 한라산 등반을 시작하였다. 그날 역시 똑같이 생리가 시작하는 날이었다. 가물거리는 옛날 감정들에 심장이 눌릴 만큼 버거웠고, 트라우마가 있었지만 일행들에게는 이야기 못 했다.

천천히 올라갈 때는 모든 게 신기하고 눈꽃이 멋있었다. 신이 나서 기운이 펄펄 났다. 어느 정도 올라가다 보면 숨이 턱턱 막힌다. 다리가 저리고 골반이 빠질 것 같았다. 금방 쓰러져 119에 실려 갈 것 같은 고통이 찾아왔다. 한라산 등반 막판에 포기할지 고민했다. 그러나 곧 정상이라는 일행들과 옆에서 영차영차 해주는 모르는 사람들까지, 나의 트라우마를 깨고 정상에 올라가기까지 끌어주는 어떤 힘이 있었다. 정상에서 생일 파티 케이크를 준비해준 동생, 나의 짐을 대신 짊어지고 가는 선배들, 앞뒤로 나를 보호해주는 경호원 같은 든든한 일행들, 응원해준 맏언니, 10분이면 백록담이 있다고 선의의 거짓말을 해주는 사람들이 나를 정상까지 올라가게 했다.

절대 못 해낼 것 같았던 나의 겨울 한라산 첫 등반, 정상에서 생일 케이크를 맛본 내 생애 가장 행복했던 순간, 여러 사람 덕분에 소원을 이루었다. 그 후 나는 혼자서도 씩씩하게 한라산 정상을 마주했다. 그러면서 셀프 웨딩을 찍어주는 작가가 되었다.

몇 번이고 포기하고 싶었고, 속으로 원망도 하고 후회도 했다. 뒤돌아 가지 않고 눈 덮인 한라산 정상 끝까지 가서 거친 나의 숨소리를 건네주고 왔다. 두려움과 분노를 맞닥뜨리면서 수많은 생각이 겹치며 내려오는 길에 나에게 너무 많은 상을 줬다. 몇십 년 만의 나의 수치심을 버린 첫 용기였던 것이다. 우리 주위엔 나를 응원해주는 사람들과 또 다른 것을 얻을 수 있는 일들이 많다. 그래서 다시 시작해야 하고, 포기하지 말아야 할 것이다.

행복한 사람이 될 당신을 응원한다

누구도 특별하지 않은 삶이 없으니 말이다

나는 지금까지 롤러코스터처럼 힘들게 나의 마음을 잡고 살았다. 잘못된 생각으로 정신적 고통뿐만 아니라 물질적으로도 많은 것들을 잃으면서 몸과 마음이 지쳐 있었다. 모험에 나서 자기 인생을 실험하는 것처럼 직접 뛰어들며 느꼈던 변화로 상처를 받기도 했다. 하버트 오토매틱이 한 말이다. 많은 사람이 이렇게 변명한다.

"나는 변하고 싶지 않아."
"나는 그저 나일 뿐이야."

"너는 나를 모르잖아."

"내 스타일이야."

"그건 언제나 그랬어."

변하고 싶은 마음이 없음을 드러내고 동시에 변화를 두려워함을 보여주는 말이기도 하다. 성장하고 발전하는 과정에 거부 반응이 많았다. 낯선 것들에 대한 두려움이었다. 인생은 너무 짧아서 무슨 일이든 내일로 미루면 안 되는 것 같다. 이 순간을 더욱 충실하고 멋지게 살아내야 하면서도 생각만 하고 행동은 되지 않았다.

나를 변화시키고 바꾸기 시작하면 주위 사람들은 격려하고 응원할 것이다. 존경하는 마음도 들 수 있을 것이다. 반면 부정적으로 반응하는 사람들 중에는 아마도 나의 변화를 이해하기 어려운 사람들도 있을 것이다. 질투하고 불만을 가질 수 있다.

나의 변화로 누구에게 가장 혜택이 많은지 스스로 물어보았다. 변화하는 나의 모습을 보고 나의 내면이 강해진다. 모든 것은 누구의 것이 아니고 누구를 위해서 있는 것도 아니다. 어떤 순간들로 채워가야 하는 것은 스스로 결정해야 한다. 치열하게 살아왔던 과거를 잊고 현재에 살려는 노력 없이는 아무런 변화도 오지 않는다. 변화하는 데 필요한 힘은 내 인생을 내가 바꿔야 한다는 것을 깨달을 때 생기는 것 같다.

책 쓰는 과정에서 나의 삶을 깊이 생각해보는 계기가 되었다. 나의 인생에서 좋은 점을 생각해보지 않았다. 좋았던 것들을 적어봤다. 감사한 것들과 감사한 사람들도 많이 있었다. 늘 외롭고 혼자인 것 같은 상황이라 생각했지만 나를 응원해주는 사람들이 많았다. 적극적으로 현실적인 생각들을 많이 하기 시작했다. 건강에도 신경을 더 쓰고 있었다. 나를 진정 아끼고 싶은 마음이 생기기 시작했다.

학창 시절의 트라우마가 있는 시간에 멈춰봤다. 초라한 시절에 나를 안아주는 연습을 함으로써 하루하루 분노와 수치심은 사라지고 있었다. 받아들였다. 외적인 것들을 충족시키는 일만 잘했던 것 같다. 배고프면 음식을 먹고 잠을 자고, 반면 남들과 어울리기 싫은 자기를 인정하는 것은 무시해버렸다. 남의 이목으로만 생각을 집중시켜서 무언가 즐겁게 하고 싶은 마음들을 잊고 살았다.

남들로부터 자기가 어떤 사람이라는 이야기들을 우리는 듣고 산다. 그러면서 그게 곧 자신이라고 생각해버린다. 하지만 그것이 진정 내가 아니다. 남이 정해주고 부여한 것들에서 벗어나 내가 진정 어떤 사람이 되고 싶은지 알고 싶었다.

나의 인생에서 가장 흥미진진하고 중요한 도전이었다. 나 자신을 새로운 방식으로 대접하기 시작했다. 내가 나에 대해서 생각하는 것들이 남들보다 훨씬 중요하기 때문이다. 나의 긍정적인 부분에 집중하였다. 낙관적인 사람이 되고 싶었다. 주위에 긍정 에너지를 퍼트리면서 더 긍정의 에너지를 받을 수 있다.

이 모든 것들은 한순간에 되지는 않았다. 부단한 연습과 노력이 필요했다. 주위에 긍정적인 에너지를 가진 사람들을 많이 만나는 노력을 해보았다. 30년 동안 쓰던 나의 일기장엔 나에게 감사하는 일기로 바꿔보았다. 나의 감정을 기록하며 나의 감정에 이야기하고 내 감정을 지켜보며 지금 나를 지켜보는 연습을 했다. 일어나지 않을 일들을 걱정하는 것을 조금씩 줄여나가면서 시간 낭비를 줄여보고 있다.

나로 살고 나답게 사는 사람들이 얼마나 있을까? 이 질문에 답을 잘하는 사람은 대부분 없을 것 같다. 슬픈 현실이지만 세상에는 하고 싶은 일을 하며 자유롭게 사는 사람보다 사회가 정해놓은 틀에 갇혀서 하고 싶지 않은 일과 관계 속에서 정신없이 살아가는 사람들이 많다. 자기를 잊고 살아가는 것도 모를 정도로 많다. 행복한 사람은 나답게 나로 사는 것이 전부는 아닐지라도 하나 정도는 가지고 살아야 한다.

책 쓰기 과정이 만만치 않았다. 안 해본 것이라 당연한 결과였다. 밀린 일들도 압박이 들어오기 시작했다. 글을 쓰는 것은 아무 생각 없이 힘들 때마다 육두문자를 써본 경험뿐이다. 체계적인 공부를 한다는 것이 인생에 가장 큰 도전이었다.

반신반의하면서도 〈한책협〉 대표 김태광 코치의 응원과 함께 조언을 들으며 밤을 새우는 것은 만만한 작업이 아니었다. 타지에서 혼자 묵묵히 버티기도 쉽지가 않았다. 하지만 시간이 갈수록 마음의 힘은 커지고 또 다른 행복도 있었다. 스스로 놀랐다. 무모한 도전이었지만 개인적인 만족이 있었다.

책 쓰기 6주 과정이라는 시간은 송두리째 나의 삶을 바꾸기 시작했다. 시간은 너무도 빨리 지나갔다. 바쁘게 살았다고 자부했지만, 책 쓰기 6주는 그야말로 정신없는 나날들이었다. 내가 지쳐 있을 때쯤 인스타그램 친구가 안부를 묻는다. 3개월 정도 바쁜 일정으로 인스타그램 업데이트는 완전 정지되었다. 오랜만에 반갑게 인사하며 짧게 근황을 이야기했다. 게거품 물면서 책 쓰기에 도전해본다는 말에, 그는 책이 나오면 1번으로 사 주겠다며 응원을 보냈다. 얼굴도 모르는 이에게 응원을 받는 그 시간이야말로 최고였다. 진심으로 응원해주는 힘이 느껴졌다. 그때부터였던가. 나도 나의 말에 힘을 얻어 행복한 사람이 될 누군가를 응원하고 싶다고 생각했다. 잊지 못할 그 시간 그 느낌을 나눠주고 싶다.

나다운 삶의 기초는 자기 자신을 긍정적으로 바라보는 것부터 시작해야 한다. 작은 아픔들이 단점으로 작용돼버리면서 수많은 장점을 보지 못하고 단점으로만 스스로 평가하면 안 된다. 누구도 특별하지 않은 삶은 없으니 말이다. 나라는 사람은 유일한 존재이기에 당당하게 나답게 나다운 삶을 살아내고 싶다. 타인의 시선에서 벗어나 나를 사랑해주고 안아줘야 한다. 남의 말에 타인의 기준에 흔들리지 않고 삶을 용기 있게 살고 있는지 지금 나를 지켜보며 응원해야 한다.

요 며칠 태풍이 연이어 3개가 지나가는 바람에 파도는 걷잡을 수 없게 높고, 바람은 강하게 불어 댔다. 거센 파도를 보고 사람들이 아무 일 없이 지나가길 바라는 마음으로 살아가고 준비한다. 행복도 준비하고 만들어갈 수 있는 것들이 많다.

시간이 지나고 태풍이 지나간 자리는 상처가 남아 있을 수도 있고 생각보다 안도할 때도 있는 것이다. 이처럼 마음도 가끔 오는 태풍 같은 것을 맞기에 그것을 자연스럽게 넘길 수 있는 나만의 힘을 기르는 연습을 해야 한다.

혼란 속에서 힘들어하는 사람들이 점차 많아지고 있다. 행복하다는 사람이 없는 것 같은 시대에 살아가는 것 같다. 실제로 불안과 답답함을 호소하는 사람들로 정신적인 고통을 치유해야 하는 사회적 분위기도 있다. 행복이 점점 멀어질 수도 있지만 가장 행복을 느낄 때가 언제였던가?

백세 시대라고 한다. 누구나 행복을 꿈꾸며 행복을 말한다. 쉽게 접하고 가까운 곳에서 찾을 수도 있기에 행복은 오늘도 내일도 갈구하는 단어이다. 삶에서 가장 소중한 것을 지금 해야 한다. 쉬운 것 같지만 한참을 고민해보는 시간일 수도 있다. 당신이 원하는 모습이 되기에 너무 늦은 때는 없다. 행복의 비밀은 자신이 좋아하는 일을 하는 것이 아니라 자신이 하는 일을 좋아하는 것이다. 내 마음에 정답이 함께 있다.

꿈이 있어서 나는 멈추지 않는다

메신저가 되고 싶다는 꿈이 생겼다

"우리가 무엇인가 하고 싶어 한다는 것은 우리에게 그 일을 할 능력이 있다
는 뜻이다."

미국의 소설가이자 비행사 리처드 바크의 말이다. 나는 이 말을 좋아했다.
무엇인가를 끊임없이 찾아서 하고 싶어 했다.

바쁘게 흘러가는 세상의 속도에 걸음을 맞추다 보면 꿈을 꾸는 시간도 없
고, 잊고 사는 사람들이 많다는 사실을 알았다. 자신도 모르는 사이에 꿈이
사라지는 셈이다. 하루하루 떠밀리듯 살아내면서 내가 원하는 것이 무엇인

지, 내 꿈이 무엇인지 몰랐다. 분명히 오늘을 살아내지만 멈춰진 기분이 들 때가 있었다. 나의 인생을 변화시킬 수 있는 꿈을 꾸며 삶을 살고 싶어졌다.

꿈을 꾸고 있는 것만으로는 아무것도 할 수가 없다. 특별한 꿈이 아니더라도 각자가 삶에서 꿈꾸는 것들이 다르기에 삶의 방향들도 다르다. 자기의 꿈을 다른 사람에게 물으며 위로와 함께 무엇인가 채우려는 것도 있었다. 얼마만큼 높은 꿈을 꾸며 오를 수 있을지 예측할 수 있는 사람은 아무도 없다. 나조차도 날개를 펴기 전에는 알 수가 없는 것이 아닌가?

나는 브랜든 버처드의 『백만장자 메신저』를 읽으면서 꿈을 꾸게 되었다. 메신저가 되어보고 싶은 꿈이 생겼다. 어떻게 살아야 할까? 고민을 해보는 시간에 나의 가치를 담을 수 있는 꿈이 생기기 시작했다. 생각을 조금씩 했지만 완전한 내 꿈이 되기까지는 명확하게 제시해주는 것들이 없었다.

나의 경험치를 통해 세상과 나눌 수 있는 것들이 있다는 것에 매력을 느꼈다. 사람들에게 필요한 것들을 내가 가진 것으로 충분히 소통하는 사람으로 이제껏 하찮게 여겨온 나의 경험과 함께 새로운 인생을 시작할 수 있다는 것이 나를 꿈을 꾸게 하고 멈추지 않는 원동력으로 바꾸기 시작했다.

나는 나만의 인생 경험이 있다. 그 과정에서 많은 시행착오가 있었고 많은 감정들을 느꼈다. 그래서 내가 트라우마를 이겨냈던 경험을 누군가에게 전할 수 있을 것 같다. 힘든 과정들을 겪어내면서 지금은 나의 꿈을 찾을 힘도 생겼다. 그래서 책을 쓰려 한다. 내가 도와야 하는 사람을 도우며 살아가고 싶다. 가끔 나에게 삶의 나침반이 되어준 사람들도 있다. 그러기에 나 또한 누군가의 나침반이 되어줄 수 있는 책을 쓰고 싶다.

몇 년 전에 힘든 시기에 『칠전팔기 내 인생』 김준형 작가의 인생 이야기를 재미있게 본 기억이 있다. 인생을 살아가면서 가장 힘든 순간에 위로가 되는 존재가 있다는 것은 큰 힘이 되기 마련이다. 힘들 때 흔들림 속에서 지켜낸 가치와 삶, 그리고 내가 가장 잘할 수 있는 일을 업으로 삼고 좋아하는 일을 함께하면 실패하더라도 나의 삶에선 행복할 것 같다. 자기 경험을 용기 있게 이야기하고 소통하여 세상 사람들에게 영향을 끼치고 있는 것이 놀라웠다.

세상에 현실에 치이고 상처받고 지친 사람들이 말할 수 있는 공간이 없다. 위태로웠던 나의 삶에도 말할 곳이 없어서 30년을 가슴에 안고 살아야 했던 무게이다. 사진이나 영화를 보면서 저게 바로 내가 꿈에 그리는 집, 직업, 사랑, 여행 등이라고 생각했다.

꿈과 목표 사이에는 깨달아야 할 중요한 차이가 있다고 한다. 꿈이란 백일몽이나 환상 같은 마음속에서 펼쳐지는 사건이나 그림이다. 즉, 생각으로만 존재하는 것이고 한 사람의 야망이나 노력의 실체이다. 꿈은 환상이라는 경지에서 무언가를 암시하는 것이고, 우리의 마음속 또는 꿈속에서만 벌어지는 것이다. 반면 목표는 현실적이고 구체적인 어떤 것을 의미한다.

꿈을 갖는 것 자체는 잘못이 없다. 그러나 꿈의 잠재적인 영향은 무의식 세계에 큰 영향을 줄 수도 있다는 것을 알아야 한다. 무의식에선 오직 꿈일 뿐이라고 믿어버린다면 현실에서 달성할 수 있다는 것을 믿을 수가 없게 된다. 진정으로 꿈을 위해 발을 내디뎌야 한다. 목표 설정은 꿈을 현실로 만들어주는 힘을 가진 도구이기 때문이다.

자신이 원하는 것을 파악해야 한다. 아주 당연한 말이지만 100% 자신에게 솔직해져야 한다는 사실이다. 그리고 구체적으로 말을 해야 한다. "나는 행복한 사람이 되고 싶어.", "나는 성공한 사람이 되고 싶어.", "나는 존경받는 사람이 되고 싶어." 등등 이런 표현은 피해야 한다. 이 표현은 목표를 달성했을 때 나타나는 감정이다. 이런 감정으로는 목표가 될 수가 없다.

구체적인 목표를 정해야 한다. '행복해지고 싶다'고 했을 때 구체적인 것들을 모두 적어본다. 예를 들면 나는 1년 안에 오백만 원을 모아 1년에 두 번 제주도 여행을 하겠다 등등 목표는 긍정적 언어로 표현해야 한다. 목표를 글로 써두는 것으로도 변화할 수 있다. 하고 싶은 모든 것들을 지금 바로 써봐야 한다. 연습을 통해 자신감과 자존감이 높아지는 마음이 생겨나는 것을 느낄 수가 있을 것이다. 더욱더 분명한 꿈을 그리며 멈추지 않고 매일 매일 마주해야 한다.

나는 꿈을 많이 꾸었다. 타인의 시선에서 벗어나고 싶었다. 강박이나 수치심에서 벗어나고 싶었던 시간이 많았다. 이것이 나의 단순한 꿈이었다. 꿈조차 꾸지 못할 정도로 내 감정들과 함께 날마다 나의 감정을 외면하면서 살았다. 뜻대로 되지 않는 일에 좌절하고 분노하며, 나의 존재 바닥으로 기어들어갔던 시간이 많았다. 이러한 내 감정 경험들을 통해 치료하던 과정들과 느꼈던 감정들을 책으로 쓰고, 나처럼 힘든 시기와 감정들을 겪고 있는 사람들에게 꿈을 찾을 수 있게 도와주고 싶다.

사람들이 필요로 하고 사람들이 실제 아픔을 말할 수 있는 곳에 내가 있고 싶다. 마음에 여유가 있어서 그런 아픔을 들어줄 수 있는 사람으로 살아가는 게 꿈이다. 아픔을 이겨내고 좋은 영향을 줄 수 있는 꿈을 찾으며 행복을 만들어가는 길에서 함께 살아내고 싶다. 남들에게 포기하지 않고 다시 살아갈 용기를 주면서 나 역시 안정된 삶을 살아내는 사람, 멈추지 않고 꿈을 찾아내는 메신저가 되고 싶다.

지금 나는 제주도 여행 스냅 작가로 제주를 안내하면서 많은 사람을 만나고 있다. 사람들은 대부분 행복과 꿈에 관한 이야기를 많이 한다. 이야기 속에 꼭 아픔이 있었다. 하지만 아픔을 가까운 사람에게는 말을 하고 싶지 않다는 것이다. 걱정이라는 단어에 숨겨놓고 보이려 하지 않는다. 고맙다는 한마디 말을 하면서 많이 우는 모습들을 보였다. 중간중간 힘든것을 보이면서도 상대방이 힘들까 봐 이야기하지 않는게 대부분일 것이다.

그 마음을 안다. 알기에 나는 스냅 촬영이 끝난 후 이야기를 자연스럽게 꺼낸다. 서툴어서 표현을 못 하는 마음을 알기에 소소하게 속마음을 적는 시간을 만든다. 그리고 그 글을 바로 보고 싶어 하는 사람과 나중에 보고 싶어 하는 사람들로 구분을 한다. 대부분 나중에 보고 싶어 한다. 적어둔 글에는 마음이 들어 있을 것이다. 고마움과 서운함과 동시 다발적으로 생기는 감정일 것이다. 나는 모아둔 사람들의 희로애락을 함께 느낀다. 모두 다 한결같이 사랑하는 마음을 알기 때문이다.

내가 진짜 하고 싶어 하는 일은 뭘까 생각해봤다. 찾는 게 아니라 찾아오는 것 같았다. 방황 했을 때 내 장래가 어둡고 쓸모없는 존재처럼 느껴질 때도 있었다. 미래를 불안해하며 살아왔기 때문에 급기야 '나 하나쯤 없어져도 세상은 아무 문제없이 잘 돌아가겠지?' 위험한 생각도 해봤던 시기가 있었다.

제일 하고 싶었던 사진 작업 일을 하면서 두려움도 있었지만, 바위에 계란 치기를 할 수 있는 용기로 지금까지 버티며 살았다. 코로나19로 인해 사업장은 폐업했지만, 또 다른 도전을 하면서 절실히 하고 싶은 일들이 생겨나기 시작했다. 유튜브 채널을 개설해 말하지 못한 아픔들을 들어주고, 제주를 여행하며 가장 행복한 지금을 느끼고, 누군가의 가장 행복한 순간을 사진 한 장으로 기록해주고 싶다.

대단하진 않아도 내가 할 수 있는 일을 해나가고 싶다. 꿈이 있어서 나는 멈추지 않을 것 같다. 그 꿈을 위해 오늘도 조금씩 행동한다. 용기 내어 생각하는 대로 살고 싶다. 용기는 어쩌면 우리가 살아가는 데 가장 필요한 요소일 수도 있다. 용기가 없으면 무엇 하나 제대로 할 수 없는 무기력한 하루하루를 보낼 수도 있다. 나 자신을 바꾸는 데에도 용기가 필요하다. 그래서 나는 꿈을 위해 나를 응원하며 멈추지 않는다.

파도를 만나지 않는 배는 없다

바다는 비에 젖지 않는다

"무언가 해보려고 노력하다가 실패하는 사람이 아무것도 하지 않고 성공하는 사람보다 훨씬 훌륭하다."

로이드 존스의 말이다. 시련에 가슴이 먹먹하고 답답한 마음이 들 것이다. 왜 하필 내가 이런 시련을 겪어야 하는 거지 하는 반감으로, 시련을 그냥 받아들이는 사람은 거의 없을 것이다. 그러면서 극복하기 위한 노력을 하면서도 분노하고 환경을 회피하려고 한다. 그리고 어떤 한편으로는 '이 시련이 마지막일 거야.'라고 생각하며 극복하기 위해 노력하고 용기를 가지고 애쓰며

나름대로 교훈을 찾고 희망을 찾는다,

　사업에서 실패와 성공도 경험해봤다. 그러나 만족스럽지 않은 것들을 지금 시대에 많이 겪는다. 세상이 변함에 따라서 우리도 변해가야 하는 것은 맞다. 하지만 준비되지 않으면 지금 시대에 침몰하는 건 순간이다.

　그 누구도 코로나19가 이렇게 온 세계의 사람들을 휘감을지 몰랐다. 아직도 언제 끝날지 모르는 바이러스로 우리는 파도에 부딪히고 살고 있다. 가만히 넋 놓고 앉아 있으면 잠깐 사이에 세상이 변화는 시점에서 뒤집힐 수가 있다. 5년 이후의 세계를 우리는 지금 겪고 있다고 한다. 파도가 몰아치면서 우리에게 다가오는 것에 대비해야 한다는 생각을 했다. 오프라인이 사라지는 시대, 온라인으로 모든 것들이 진행되는 현재, 나의 인생의 파도는 지금부터 몰아치고 있다. 새로운 인생을 위한 개인 브랜딩을 해야 했다. 그래서 책을 쓰고 있다.

　2020년 트로트 열풍이 거세게 몰아쳤다. 유래 없는 열풍에 모든 사람이 코로나19로 인해서 집 안에서 유일하게 위안받았던 〈미스터 트롯〉 프로그램이다. 무명가수와 꿈을 찾는 사람들로 꾸며진 오디션은 그야말로 노래 잘하는 사람들의 축제였고, 듣는 사람들에게 위안이 되는 시간이었다. 남녀노소 한마음으로 모든 응원을 아낌없이 보내고 밤을 지새우면서 손뼉을 쳤다.

　누구 하나 만만한 상내는 없었나. 엎치락뒤치락 날이 살수복 오디션은 뜨거웠다. 실력도 정말 대단했다. 처음부터 〈미스터 트롯〉 프로그램에 관심이 있었던 것은 아니었다. 사회 분위기가 전체적으로 우울한 날들이 계속되는 시점에 무언가 희망이라는 타이틀을 가지고 싶은 마음이었던 것 같다. 임영웅, 이찬원, 정동원, 김희재, 장민호, 영탁, 엎치락뒤치락 다른 많은 참가자도 괜찮았지만 나는 이찬원 팬이 되었다. 무대를 압도하는 표정과 너무 순수한 모습에 끌렸다.

마지막 날 결승전은 피곤해서 잠들고 말았다. 잠깐 일어나 보았을 때였다. '고맙소'라는 노래를 부른 김호중이 내 잠을 깨워버렸다. 마지막에 눈길을 사로잡았다. 성악으로 가던 길을 전환했다는 말, 시련이 찾아왔던 학창 시절의 이야기들과 함께 〈인간극장〉에서나 볼 수 있었던 이야기들이 나의 심금을 울렸다. 눈물도 났다. 새로운 인생이 시작되는 길을 아낌없이 응원했다. 그동안 그에게 숱한 역경이 있었지만 지금 다시 도전하는 모습으로 다시 시작하고 있었다. 가던 길을 바꾸는 과정은 정말 쉽지가 않았을 것이다. 쉽지 않은 그 길을 찾아서 가는 길이 꽃길이 되었으면 했다.

자신감이 없다면 이런저런 파도에 견디지 못한다. 힘든 일을 겪었다고 자신감을 잃고 타인을 원망하는 데 시간을 낭비하면 안 된다. 인생이라는 바다에서 상처 없이 온전한 배는 없다는 말이 있다.

영국의 선박 박물관에는 특별한 배 한 척이 있다고 한다. 이 배는 로이드라는 보험회사가 거액을 들여 낙찰받아 이 박물관에 기증한 것이다. 1894년 첫 항해를 시작한 이후 이 배는 대서양에서 116개의 암초와 충돌했고 빙산에 부딪혔으며, 13차례의 화재를 겪었다는 것이다. 또 폭풍을 만나 돛대가 부러진 횟수는 무려 207번이었다. 끊임없는 사고로 상처투성이가 되었지만 배는 파도가 거센 대서양을 건너며 단 한 번도 침몰하지 않았다.

이 배가 세상에 알려진 것은 평범한 변호사 덕분이었다고 한다. 실패하고 절망한 사람에게 희망을 보여주기 위해 이 배에 대한 수많은 이야기와 사진을 변호사 사무실을 시작으로 사람들에게 전하면서 포기하지 않기를 바라는 마음으로 사람들에게 전해졌다. 그 후 수많은 사람이 이곳을 거쳐가면서 적어놓은 방명록도 있다고 한다.

온전하기만 한 세상은 없다. 인생이라는 파도 위에서 늘 거친 파도와 싸워야 한다. 누구나 순조로운 인생을 살고 싶어 한다. 누구든 인생의 파도를 피해 갈 수 없다. 맞설 뿐이다. 자신감이 있으면 해낼 수 있을 것이다.

시련이라고 하면 스티브 잡스가 다들 떠오를 것이다. 세계적인 기업가이자 시련 속의 꽃을 피운 역전의 주인공이다. 그는 시련 속에서 무엇을 말하고 싶을까? 잡스의 나이 30살 때 애플에서 매킨토시 컴퓨터를 시장에 출시하면서 뜨거운 반응으로 급성장하였다.

빠르게 성장하면서 공동 경영할 경영자를 고용했고. 아무런 잡음 없이 잘 될 것으로 생각했다. 시간이 지나 생각의 차이로 인해 결국 잡스는 애플에서 쫓겨났다. 세운 회사에서 쫓겨난다는 것에 굉장한 상실감이 들었을 것 같다.

세상일이 이렇게 될 줄 본인도 생각을 못 했을 것이다. 한동안 아무 일도 하지 못했을 것 같고 하지도 않았을 것 같은 생각이 든다.

그러다 어느 날 스스로 하는 일을 사랑하고 있다는 사실을 알게 되면서 상처를 딛고 다시 시작하기로 결심했다고 한다. 그 후 그는 픽사를 설립해 재기에 성공한다. 픽사는 세계 최초의 3D 애니메이션 영화를 만들었으며, 지금은 가장 성공한 애니메이션 제작사가 되었다.

세상에 나를 이기는 시련은 없다. 신은 우리가 감당할 수 있는 시련만 안겨준다고 한다. 많은 사람이 시련 앞에 굴복하고 좌절하는 것에 익숙하다. 하지만 시련은 사람을 강하게 만든다고 한다. 강해져야 하기 때문이기도 하다. 시련을 좋아하는 사람은 없다. 하지만 시련을 회피해서는 안 된다.

비관주의자는 모든 기회에서 역경을 보고, 낙관주의자는 모든 역경에서 기회를 본다. 눈물과 좌절에도 성공을 포기하지 않기로 마음먹고, 성공에 관한 공부와 의식 확장으로 가슴에 품고 있는 꿈을 적어봤다.

이 세상에 누구에게나 악조건이란 없다는 마음으로 이 시대의 사람들이 용기를 가지고 '내 생각이 머무는 곳에 내가 있다.'라는 마음을 가져야 한다. 이제는 정신력이다. 눈에 보이는 것으로 세상이 워낙 빠르게 바뀌어가고, 정해진 방향도 정답이라는 것도 없다.

　　오늘부터 행복한 사람이 되는 법을 가르쳐드립니다

바다는 비에 젖지 않는다. 피하지 말라고 그냥 맞아도 괜찮다고 견디면 지나갈 것이다. 흔들리지 말고 벼랑 끝에서 나를 다시 세우는 마음으로 지금을 이겨나가다 보면 일어날 수 있다. 모두가 벼랑 끝에 서 있거나 위기의식에 빠져 있는 지금 위태로운 갈림길에서 생존에 대한 의지를 불태우며 위기에서 혹시나 기회가 있는 것을 먼저 부딪쳐봐야 한다.

책이란 낼 만한 사람이 내는 것이라고 생각했다. 쓰면서도 내게 특별한 무엇이 있다는 생각보다보다는 아직 책을 쓸 만한 위인이나 그릇이 아니라는 생각이 들었다. 그러나 나는 내가 경험한 것에서 느꼈던 수많은 감정과 마음들로 이 책을 통해 사람들에게 새롭게 출발할 수 있는 용기를 알려주고 싶다. 내 인생은 내가 만들어가는 것이기 때문이다. 그래서 멈추지 말아야 한다. 내 인생에 무리수를 언제 두겠는가. 파도를 만나보지 못한 배는 없듯이 우리는 누구나 파도를 만나기에 두려워하지 말아야 한다.

실패해도 포기하지 마라

실패로 인해 포기하는 시간과

실천에 옮기지 못하고 망설이는 마음을 없애야 한다

인생을 살며 한 번도 실패하지 않는 건 불가능하다. "실패해도 포기하지 말라." 말만 봐도 울컥거린다. 지나간 실패들이 생각나서인가? 그래도 나는 아직 포기하지 않는다. 세상은 내 것이니까. 실패하면 모든 걸 잃은 것처럼 아무 생각이 없었다. 수많은 실패의 경험이 있어도 실패는 매번 두려운 것이다. 열심히 노력했다고 반드시 좋은 결과가 나타나는 것도 아니다. 그리고 열심히 안 했다고 아무런 보상이 없는 것도 아닐 것이다. 실패하고 싶어 하는 사람이 누가 있을까? 노력이 우리를 자주 배신하면 포기하고 싶은 마음이 자연적으로 생기는 것도 당연하다. 노력하면 다 이룰 수 있다고 배웠는데 뭔가 속은 것 같은 느낌도 들고, 잘못 살아온 것만 같은 생각이 들었다.

사업이든, 연애든, 공부든 자기 기준에서 실패했다고 생각하면 의욕이 상실돼서 움직이기 싫어진다. 이만큼 노력했으니 반드시 이만큼 보상을 받을 것을 생각한다. 언제나 노력은 보상을 받기 위해 하는지도 모른다. 노력했지만 보상을 못 받으면 억울할 수도 있다.

누구든 자기 일은 열심히 할 것이다. 경쟁 사회에 사는 우리는 승자와 패자를 남의 기준에서 정하는 일도 다반사이다. 무언가를 이루어냈다는 사람들의 이야기를 들을 때면 상대적 박탈감마저 들 때도 있다. 이런 감정은 열심히 사는 사람들에게는 가끔 억울한 마음들도 있을 것이다.

코로나19로 폐업을 결정하면서 실패했다는 생각이 들었다. 밤을 새우며 공부해온 것들, 배웠던 열정들, 쏟아냈던 감성들 모두 다 실패로 인식해버렸다. 며칠을 고민하고 결정한 일이기에 홀홀 털어버리고 또 다른 목표로 가는 길을 찾아야 했다. 어디로 가야 할지 모르지만 할 수 있는 것들을 하며 포기는 하지 않았다. 발을 헛디딜 수도 있고 넘어질 수도 있다. 방향을 잘못 잡아서 고생길을 갈 수도 있다. 하지만 움직이지 않으면 아무것도 이룰 수 없다. 지금 실망하고 포기하기엔 억울했다. 빨리 털고 일어나서 다시 가야 하는 길을 찾았다. 혼란의 위기에서 실패가 왔지만 나는 또 다른 무언가를 찾았다.

사업이 어려워지면 아직 오지 않는 것에 대한 걱정과 불안이 많이 생긴다.

인간이 걱정하는 것의 90%는 발생하지 않는다는 통계도 있지만, 나는 수많은 걱정과 고민을 하면서 움직이지 못했다. 방구석에서 그냥 누워 있는 시간이 많았다. 해결하기 위해서 적극적으로 움직여야 하지만 무기력한 시간이 길어지면서 우울한 생각만 들었다. 실패했다는 생각으로 집 밖으로 나가지를 못했다. 어둠 속에서 있는 시간이 많아지면서 과거에 대해 자책하며 선택에 대해 후회하지 말아야 하지만 후회도 했다.

엄청 고민하다 벌떡 일어났다. 아침에 일어나서 10분 정도 하루의 계획을 시도한다. 돈을 투자하지 않고 할 수 있는 일을 알아봤다. 기적처럼 아이디어가 떠올랐다.

실패하는 걸 두려워하지 말아야 할 것이다. 실패가 두려워 아무 시도조차 하지 않는다면 성공도 없다. 실패를 받아들이고 계속 시도해야 한다. 꿈꾸던 대로 되지 못했다고 인생이 끝나는 것은 아니다. 나에게 주어진 삶을 끌어안고 계속 살아가야 하기 때문이다.

남들은 모두 무언가를 찾고 이루고 달려가고 있는데 나만 실패한 것 같은 생각에 불안도 느낄 수 있다. 하지만 실패가 다 나쁜 것만은 아니다. 실수했던 것을 발판으로 더 발전된 나를 만날 가능성이 있기 때문이다.

성장할 수 있다. 걱정하고 불안하고, 상처받고, 두려워하고, 쉬운 길만 찾으려 하고 있는 나를 봤다. 많은 실패를 경험할수록 다른 무엇인가 찾아오는 것들이 있을 수 있다. 자기가 가고자 하는 방향에서 아주 조금씩 나아지고 있다는 증거일 수도 있다.

나는 영상 편집을 배운 지 한 달 만에 서귀포 3분 영화제 작품을 만들고 싶었다. 말도 안 되는 일이었지만 기획에서 연출 그리고 편집까지 첫 작품을 만들고 싶었다. 버벅거리면서도 나는 실패를 두려워하지도 않았고 포기하지도 않았다. 경험에서 오는 것들을 하나하나 받아들이면서 언젠가는 3분 영화제에서 입상하기 위해 경험을 쌓는다.

나만의 작품으로 나는 성취감에 남들보다 많이 뒤처져진다는 불안은 크게 없었다. 뒤처진 것들을 쫓아갈 필요는 없다. 자신만의 속도와 길을 찾는 게 중요하고 실패한다고 계속 실패하는 것도 아니다. 다만 포기하지 않고 걸어가야 한다.

어쩌면 안 되는 게 정상이 아닐까 생각도 했다. 원하는 대로 다 되지 않는 지금이 정상일 수도 있다는 생각을 해본다. 삶이 마음대로 되지 않는다는 것을 모두 알 것이다. 일단 부딪혀보는 것이다. 실패했을 땐 후회하면 되고, 남들이 하라는 대로 사는 사람들은 없을 것이다. 성공과 실패는 우리 마음속에 있으며, 다만 한 걸음을 내가 딛으며 성공을 바라지만 실패로 인해 포기하는 시간과 실천에 옮기지 못하고 망설이는 마음들을 없애야 한다.

인생에서 성공은 꿈꾸는 자의 몫이다. 자신이 원하는 것이 무엇인지 알았다면 꿈꾸기를 두려워하지 말자. 진정 좋아하는 일로 성공하고 싶다면 실패를 두려워하지 말자. 그리고 포기하지 말자. 그 꿈은 분명히 이루어질 것이다. 비록 작은 실패를 만나 험난하고 넘어져 혼란스러운 감정과 고통을 겪어내지만 성공은 꿈꾸는 자가 가질 수 있는 게 아닌가?

한 번의 공모전을 준비하면서 나는 나의 부족한 것들을 파악했다. 내가 좋아하는 일에서 무엇인가 스스로 알아가는 과정이 나를 발전시킬 수 있는 계기가 되었다. 실패에서 오는 나의 문제점을 냉정하게 알고 난 후, 나는 조금 더 나은 영상 편집을 공부했고, 상황에 맞게 온전히 내 것으로 만들어내고 있었다. 모두에게 똑같은 성공은 없고 실패도 없는 것이다. 남의 시선을 의식하지 않고 당당하게 꿈꾸자. 어떤 꿈이든 상상하고 도전하자. 매일 그 꿈을 이뤄가는 행복을 만끽할 수 있을 것이다.

중학교 2학년 이후 타인의 시선에 강박감이 있었던 나는 학교 단체 생활을 제대로 못 했다. 21살에 교통사고를 당하고 삶을 포기하고 싶었다. 31살에 집이 경매되면서 바닥을 쳤지만 일어나서 할 수 있는 일들을 조금씩 배워나가기 시작했다. 39살에 잘못 선택한 사업으로 인해 또다시 무너지면서 실패했지만 나를 포기하지는 않았다. 힘들어서 정신과 치료를 받기도 했다. 4년 전 다시 나의 꿈을 위해 사회복지학을 전공하면서 행복한 삶 연구소에서 치료받기 시작했다. 1년 전 보이스 피싱 전화로 위기에 몰렸지만 나는 굴복하지 않았다. 코로나19로 인해서 또다시 폐업했지만, 나는 또 다른 꿈을 위해 달려가고 있다.

인생에 실패로 인해 좌절은 수도 없이 했다. 눈물이 마르지 않을 정도로 울어도 보고, 벽 보며 원망도 하며 욕도 했다. 무너지는 마음을 다잡기 위해서 발버둥도 쳤다. 순간순간 분노와 원망이 나를 죽음의 문턱까지 데리고 갔지만 나는 행복한 삶을 살아내고 싶은 마음이다. 수많은 실패에도 나는 포기하지 않았다. 어쩌면 지금까지 걸어왔던 것보다 앞으로 더 많은 실패를 경험할 수도 있다. 하지만 나는 포기하지 않겠다는 생각을 한다.

우연히 책 쓰기를 통해 많은 시간을 나에게 집중하고, 나에게 위로를 하며 나의 꿈을 위해 스스로 응원하는 나를 마주한다. 한 번도 내가 행복하다는 생각을 못 해봤지만 나는 오늘부터 행복한 사람이 되었다. 온전히 나를 이해하고 온전히 나의 감정에 충실하면서 나답게 살아내다 보니 어느새 자신의 내면에서 지금 살아내고 있다. 이 순간 나는 행복하다.

에필로그

나를 사랑할 수 있는 용기,
행복하기 위해서 노력할 힘

잠이 많았던 나에게 책 쓰기 도전은 무모하고 무모했던 일 중 하나이다. 내가 생각했던 나의 한계를 넘어 자존감이 확실히 생겼다. 자존심만 강하고 자존감이 낮았던 나였다. 이제는 고통에서 벗어나지 못하는 사람들에게 나의 경험과 노하우를 통해 힘이 되어줄 수 있는 친구가 되고 싶다.

그렇다고 내가 지금 정신적이나 물질적으로 높은 위치에 있지는 않다. 다만 트라우마를 극복하고 삶에 더 이상 낯설지 않게 다가가는 모습을 배웠고, 감정들로 인해 행복을 느낄 수 있는 것들이 의외로 많다는 것을 알았다. 나를 사랑할 수 있는 용기와 행복하기 위해서 노력하는 힘도 생기기 시작했다.

오늘부터 행복한 사람이 되는 법을 가르쳐드립니다

바다는 비에 젖지 않는다. 인생에 풀어나가야 할 숙제들이 아직 많지만, 더 이상의 마음의 고통은 없다. 네모 안의 스냅 작가로만 생각했던 내가 미친 꿈에 도전한 지금 이 순간을 생생히 기억하며 살아갈 것이다. 〈한책협〉 대표 김태광 코치님의 끌어당김으로 나는 또 다른 인생 2막을 시작해본다.

감사의 글

이 책을 쓰는 시간 동안 너무 많은 나의 감정들과 마주했다. 책을 많이 읽어보지 않은 내가 책 한 권을 완성할 수 있었던 것은 30년 동안의 트라우마를 극복하기 위한 몸부림 때문일 것이다. 고통에서 벗어나 나를 사랑할 수 있게 보듬는 시간이었다.

이 책은 나의 단점을 인정하고 수치심과 대면하는 부끄럽고 솔직한 고백들로 이루어져 있다. 트라우마로 힘들어하는 독자들을 위해 집필하였다. 필자의 실제적인 경험들로 이루어져 어떤 면에서는 실용적이라고 생각한다. 몸소 겪은 열등감과 수치감과 좌절감을 여러 가지 방법을 통해 극복해내고 새롭게 살아보려는 의지를 소개한다.

오늘부터 행복한 사람이 되는 법을 가르쳐드립니다

지금 이 순간의 생각과 감정을 받아들이려는 연습은 잘 되지 않는다. 생각은 에고를 만들어내고 비교와 판단으로 힘들어한다. 나는 '지금 이 순간을 살아라', '나 지금 이러고 있구나' 하고 알아차림을 통해 나의 감정을 지켜봤다. 무엇보다도 나를 보는 힘이 생겨났다.

과거에서 벗어나고 지금 여기에 살아야 주도적인 삶이 된다. 원만한 삶에 행복을 느끼려면 자신의 감정에 솔직하고 감정을 이해하며 삶을 바꿀 수 있게 명상, 운동, 일기 등 일상에서의 노력이 필요하다.

나는 행복한가? 나는 행복할 수 있는가? 어떤 의미에서 행복은 우리 주위에 있다. 자신의 모습을 인정하고 자기가 하고 싶은 일에 완벽하지 않아도 너그럽게 이해해주려는 마음을 내야 한다. 본인 스스로 여유를 줘야 한다. 한 계단 한 계단 조금씩 올라서듯 소통하면, 인간관계에서 두려움을 느끼기보다는 동쪽에서 뜨는 해를 보고 서쪽에서 지는 해를 느낄 수 있는 하루하루가 될 것이다. 지금 여기, 지금 이 순간, 지금에 깨어 살아가라!

생각과 감정, 소설에 빠져 에고에 휘둘리는 것을 멈춰야 하는 이유. 지금…
실제로… 그냥… 우리가 행복한 삶을 살아가기 위한 작은 습관, 오늘부터 행
복한 사람이 되는 법이다.

행복한 삶 연구소의 교수님 외 행복한 삶 식구들, 이끌어주심에 감사드린
다. 글을 쓰는 내내 한 글자 한 글자 채워가며 하고자 하는 말을 엣지 있게 표
현한다는 자체가 힘든 것임을 글을 쓰면서 느꼈다. 선생님들의 노고에 다시
한 번 감사드린다. 출판사에서 작업하시는 분들께 존경의 마음을 전한다.

연화민서 드림